Jean B. Scherer

**Geschichte der ukrainischen und saporogischen Kasaken**

Nach J.B. Scherers Annales de la petite Russie bearb. abridged and tr. von K. Hammerdörfer

Jean B. Scherer

**Geschichte der ukrainischen und saporogischen Kasaken**

Nach J.B. Scherers Annales de la petite Russie bearb. abridged and tr. von K. Hammerdörfer

ISBN/EAN: 9783337297114

Hergestellt in Europa, USA, Kanada, Australien, Japan

Cover: Foto ©ninafisch / pixelio.de

Weitere Bücher finden Sie auf **www.hansebooks.com**

# Geschichte
## der Ukrainischen und
# Saporogischen Kasaken,

nebst einigen Nachrichten
von der Verfassung und den Sitten derselben.

Nach
**J. B. Scherers**
aus russischen Handschriften übersetzten
*Annales de la petite Russie &c.*
bearbeitet
von
**Karl Hammerdörfer,**
öffentlichen Lehrer auf der Universität zu Jena.

---

Leipzig 1789,
in der Weygandschen Buchhandlung.

# Vorrede.

Die Schererschen Annales de la petite Russie, welche 1788 in zwei starken Octavbänden zu Paris erschienen, verdienen freilich in keinem Falle die Benennung einer vollständigen Geschichte dieses so merkwürdigen Volkes. Sie sind nicht nur voll sonderbarer Behauptungen, und zum Theil auffallender Irrthümer, sondern auch ohne allen Plan und Ordnung vorgetragen — rudis indigestaque moles. Im Gegentheile aber sind die darinnen erzählten Sachen gewiß authentisch, da sie sich auf rußische Originalhandschriften gründen, und verdienen daher die Aufmerksamkeit des Geschichtforschers in hohem Grade. Was ein Volk von sich selbst sagt, wäre es auch hie und da mit Fabeln vermengt, verdient allezeit vor den Erzählungen des Fremden den Vorzug, und deshalb unterzog ich mich auch der Bearbeitung dieser Annalen um so lieber, da wir bis jetzt wenigstens, außer einigen im Müller und Büsching zerstreuten Bruchstücken nichts bessers zur Geschichte und Karakteristik dieses Volkes haben.

Eine vollständige Uebersetzung habe ich nicht liefern mögen, weil vieles ganz unbrauchbar war, vieles gar keinen Werth hatte, und daher sind die zwei starken Bände in einen kleinen deutschen Band zusammen geschmolzen, der aber gewiß alles enthält, was in den Schererschen Annalen nur einiges Interesse hatte.

Dabei

## Vorrede.

Dabei bin ich folgendermaßen zu Werke gegangen: ich habe zuerst einige vorläufige Anmerkungen über das Land, welches die Kasaken bewohnen, aber nur ganz kurz, weil dies aus mehrern Werken bekannt ist, und das Verzeichniß der Ukrainischen Flüsse in drei Abschnitten gestellt. Scherers trocknes Produktenverzeichniß, das einige Kapitel einnimmt, ist dabei in eine kleine Anmerkung gekommen.

Hierauf folgt in sechs Abschnitten die eigentliche Geschichte der Kasaken, wobei ich das Wesentlichste der vielen am Ende des Schererschen zweiten Bandes angehängten Urkunden gleich unter den Text in Noten gebracht habe. Nach dem neunten Abschnitte folgt die von Scherer selbst verfertigte Geschichte der Kasakischen Attamans, mit Weglassung alles dessen, was schon in der vorigen Geschichte gehörig erzählt war, oder gar nicht in eine Geschichte der Kasaken gehörte. Dann die Nachrichten von der politischen Verfassung, den Sitten der Ukrainischen, und zulëtzt die von der Verfassung und den Sitten der Saporogischen Kasaken. Durch diese Zusammenstellung und planmäßigere Ordnung ist, dünkt mich, das Schererische Buch weit brauchbarer worden, als es im Originale war und ich schmeichle mir wahrscheinlich nicht zuviel, wenn ich den Freunden der Geschichte keinen unangenehmen Dienst erwiesen zu haben hoffe.

*Der Ueberseßer.*

## Erster Abschnitt.
### Natürliche Beschaffenheit der Ukraine.

Ehe wir die sittliche und politische Geschichte des Volkes beschreiben, das in der Ukraine seinen eigentlichen Ursitz hat, wird es nicht überflüssig seyn, etwas von der Beschaffenheit des Landes voranzuschicken, das in jeder Betrachtung unsre Aufmerksamkeit verdienet, und von welchem vielleicht manche unserer Leser nicht die vollständigste Kenntniß haben.

Die Ukraine oder Kleinrußland, welches jetzt in mehrere Gouvernements eingetheilt ist, erstreckt sich vom 50sten bis zum 53sten Grad der Breite, ist 500 Werste lang, und 400 breit, und gehört zu den fruchtbarsten Ländern in Europa, das nur den Fleiß mehr thätiger Bewohner erwartet, um alles, was man ihm anvertraut, tausendfältig wiederzugeben. Getraide wächst hier im Ueberflusse; der Mangel schiffbarer Flüsse erlaubt aber den Einwohnern nicht starke Handlung damit zu treiben. Die ganze große Ebene ist mit Küchenkräutern bedeckt, Blumen, die wir mit Mühe in unsern Gärten ziehen, wachsen wild hier, und das Gras ist so hoch, daß ein Mann zu Pferde sich leicht darinnen verbergen kann. Zahme und wilde Thiere, Fische, Honig, Wachs, und das schönste Holz hat die Ukraine in Menge; nur Wein und Salz mangeln. Der erste wird zum Theil durch Bier, Meth, Brandtewein und Fruchtweine ersetzt, zum Theil aus Ungarn,

Ungarn, der Wallachei, Moldau und Frankreich eingeführt; Salz aber kömmt besonders aus den Moldauischen Salzwerken, theils auch aus dem Innern des Rußischen Reichs *).

Eine große Plage des Landes sind die im Sommer so häufigen Mückenschwärme, gegen die man sich blos dadurch schützen kann, daß man in einer Art von Zelt schläft, welches mit baumwollnem Zeuge so fest zugemacht ist, daß auch nicht die geringste Oeffnung übrig bleibt.

Noch beschwerlicher sind beinahe die Heuschrecken, welche besonders in trocknen Sommern das Land heimsuchen. Der Ostwind bringt sie dann in Heeren, welche einen Raum von fünf bis sechs Stunden in der Länge und drei bis vier in der Breite einnehmen, aus der Tatarei und den Steppen herüber. Wo sie sich niederlassen, ist Getraide und Gras in ein paar Stunden gänzlich zu Grunde gerichtet, die Bäume werden ihres Laubes entkleidet, und selbst harte Körper bleiben nicht von ihrer Raubgier verschont. Nur starke

*) Der V. hat in drei besondern Abschnitten von den Erzeugnissen der Ukraine gesprochen; sie sind aber unbedeutend. Ueberdem erwartet niemand Naturgeschichte in einem Buche dieser Art, und es wird also genug seyn, wenn ich die drei Abschnitte in einer Anmerkung zusammenziehe. Die Ukraine hat Weinstöcke, Aepfel-, Birn-, Zwetschen- und Kornelkirschbäume. Auf den Inseln im Dnepr wächst wilder Thee und mehrere Medicinalkräuter. Sein Gestade ist mit Bau- und Schiffsholze bedeckt. Von wilden Thieren findet man Hirsche, wilde Schweine, Ziegen, Pferde und Katzen, Haasen, Füchse, Wölfe und Bären. Zu den Vögeln gehören vorzüglich Gänse, Enten, Schwäne, Kraniche, Störche, Kropfgänse, Rebhühner, Krammetsvögel, Adler, Falken u. s. w. und in den Flüssen findet man mehrere Störarten, Lachse, Karpfen, Hechte und dergleichen. —

starke Regengüsse oder Nord- und Nordwestwinde, die sie ins schwarze Meer jagen, befreien das Land von dieser schrecklichen Plage; erfolgen aber diese nicht, so legen sie im Herbste ihre Eier, und kommt dann ein trocknes Frühjahr, so schaden die noch unbeflügelten Heuschrecken fast eben so viel als die beflügelten; denn diese kriechen in die Häuser, in die Betten, auf die Tische, mengen sich in die Speisen und können nur mit der äussersten Mühe vertilgt werden.

## Zweiter Abschnitt.

### Vom Dnepr, den hineinfallenden Flüssen, und den daran liegenden Orten vom Samaraflusse bis Otschakow und Kinburn.

Der Dnepr oder Dnieper, den die Alten Boristhenes nannten, entspringt in einem Moraste im Gouvernement Smolensk, und ergießt sich endlich zwischen Otschakow und Kinburn ins schwarze Meer. Die hineinfallenden Flüsse sind:

1) Die Samara, die in den Steppen entspringt. An diesem Flusse liegt ein griechisches Kloster. Die Russen legten 1736 von diesem Kloster bis an den Ausfluß der Samara Verschanzungen und Redouten an. Sonst hatten die Saporoger längs diesem Flusse für einige tausend Mann Wohnungen angelegt.

2) Die Tatarka, welche eine Werste weit von der Samara fließt. Im J. 1736 hatten die Russen hier auch eine Redoute angelegt.

3) Die **Worona**, die wieder eine Werst davon ist. Neben diesem Flusse waren sonst 1736 erbaute Redouten und Verschanzungen.

4) Die **Wolianka**, eine Werst von dem vorigen.

5) Die **Moskowka-Suchaja**.

6) Die große **Moskowka**, beide entspringen in den Steppen, und laufen zweihundert Werste bis an den Dnepr.

7) Die **Konskaja** entspringt in den Steppen, und läuft vierhundert Werste bis zum Dnepr, wo sie sich in zwei Arme theilt, von denen der eine in den Dnepr fällt, der andre aber neben dem Dnepr bis Kinburn fortläuft, und sich in den Liman ergießt. An diesem Flusse lag ehedem eine tatarische Stadt, Samik genannt, welche siebenhundert Metscheds gehabt haben soll.

8) Der **Jantschekrak**, zweihundert Werste von der Konskaja, kömmt aus den Steppen.

9) Der **Karatschekrak**, zwanzig Werste von dem vorigen, kömmt auch aus den Steppen. Ehemals lag an seinem Ufer die Stadt Nagaisko.

10) Die **Majatschra**, vierzig Werste davon kömmt aus den Steppen. Majak hieß die Stadt, die vormals an seinem Ufer lag.

11) Die **Atalikowa**, zwanzig Werste von der Majatschra, entspringt in der Steppe, geht nach einem Laufe von hundert Werften vor dem Flecken Pletenoirog vorbei, und ergießt sich achtzehn Werste weiter in den Dnepr. Auf dem Wege von diesem Flecken zum Dnepr findet man die kleine Stadt Paltschik. Von dem Flecken bis Kamenoi-Saton sind neunzehn Werste.

12) Die

12) Die **Beloserka** entspringt in der Steppe und geht hundert und fünf und neunzig Werste bis in den Dnepr. Nahe bei diesem Flusse stand ehedem eine Stadt gleiches Namens, von welcher die Volkssage folgendes erzählt: Die Erbauer dieser Stadt waren die Franken; als diese aber weiter westwärts zogen, machte eine Frau, die Beloserskaja hieß, sich aus der Stadt und der umliegenden Gegend eine Art von Herrschaft. Bei dem Einbruche der Tatarn unter Mamai-Khan verließ sie die Stadt und flüchtete sich in die Gegend von Otschakow. Mamai aber schleifte die Stadt.

13) Die **Mamai-Surka**. Der Khan baute darauf an diesem Flusse eine Stadt, welcher er seinen Namen gab, und von der ihn der Fluß bekam. Er ist zehn Werste von der Beloserka, und fließt nur zehn Werste her, ehe er sich in den Dnepr stürzt.

14) Der **Rogatschik**, zwanzig Werste davon, läuft hundert und funfzig Werste, bis in den Dnepr.

15) Die **Tschapliwa**, zehn Werste von dem vorigen, läuft eilf Werste.

16) Die **Lopaticha**, dreißig Werste von der Tschapliwa, geht dreißig Werste, ehe sie in den Dniester fällt.

17) Die **Rußinowa-Boka**, zehn Werste von dem vorigen, läuft nur eilf Werste.

18) Die **Kair-Suchaja-Schirokaja**, dreißig Werste davon, geht zwanzig Werste, ehe sie in den Dniester fällt.

19) Die **Kair-Metschetnaja**, zehn Werste davon, läuft dreißig Werste.

20) Die **Kair-Sapadnaja**, zehn Werste davon, läuft dreißig Werste.

21) Die **Kair-Krutaja**, zehn Werste davon, läuft zwanzig Werste.

22)

22) Die Kair=Durizkaja, zehn Werste davon, läuft nur eilf Werste.

23) Die **Biliwela**, acht Werste davon, läuft zwanzig Werste. Achtzehn Werste von diesem Flüßchen, bei Konskaja=Woda, oder der Pferdequelle, lag ehedem eine große tatarische Stadt, deren Namen uns bekannt ist. Die Tatarn sollen sie selbst zerstört haben, weil sie sich der Tarantuln nicht erwehren konnten.

Fünf Werste davon lag eine andre eben so unbekannte Stadt, die aus den nemlichen Gründen verlassen ward. Man sieht hier noch eine steinerne gänzlich wüste Metsched.

Vier Werste weiter war Schin=Girey, welche den Türken gehörte, und eine Werst davon liegt im Dnepr eine Insel, worauf sonst eine türkische Stadt, Namens Oslan lag.

Kiskermen gegenüber, in einer Entfernung von drei Wersten, lag die türkische Stadt Tawan, welche 1696 nebst Kiskermen, Oslan und Schin=Girey von den Russen zerstört ward.

Tawan gegenüber, auf der andern Seite des Flüßchens Konskaja, legten die Russen 1736 eine Verschanzung an, von welchem noch siebzig Werste bis an den Flecken Oleschka sind, in dessen Nähe die Saporogischen Kasaken ehedem ihre Setscha hatten.

Von Oleschka bis an den Liman sind acht und zwanzig Werste, und von dem Liman bis an den Salzsee in der Steppe dreißig Werste. Von da bis nach Kinburn, welches auf einer Sandbank zwischen dem Liman, Otschakow und dem schwarzen Meere liegt, sind zwanzig Werste. Die Türken ließen sich hier zuerst nieder, und befestigten 1696 den Ort mit einer steinernen Mauer. Im J. 1736 eroberten es die Russen und demolirten es 1738. Seit 1774 ist es wieder in Rußischen Händen.

### Dritter Abschnitt.

## Flüsse, Flecken und Wasserfälle vom Ausflusse der Samara bis Otschakow.

Dem Ausflusse der Samara gegenüber liegt auf der andern Seite des Dnepr die Insel Kamenskoi, auf welcher die Russen 1737 Redouten und Verschanzungen anlegten.

Diesseit der Insel nach Otschakow zu, lag ehemals die alte Kasakische Stadt Kaidak, oder Kudak, welche 1637 auf Befehl Wladislaws VII, Königs von Polen, zu beßrer Bezähmung der Kasaken erbaut ward. An dem nemlichen Orte erbauten die Russen 1737 die Redoute Kondazkoi. Dicht dabei ist der erste Wasserfall Kodazkoi-porog genannt. Hierauf folgt: 1) das Flüßchen Sura, welches zehn Werste von Kudak entspringt. Nahe bey diesem Flusse sind die Wasserfälle: Surkoi, Chanskoi, Swonetsch, Knaginetsch, Nenastetsch, (die beträchtlichste von allen) Woronowa, Budilskoi, Litschnoi, Towolschanoi und Wolnoi, alle in einer Strecke von vierzig Wersten.

2) Die Chortiza Suchaja, die in den Steppen entspringt, und nach zwanzig Wersten in den Dnepr fällt.

3) Die Chortiza Welikaja kömmt gleichfalls aus den Steppen und läuft achtzehn Werste.

4) Die Chortiza Nischnaja, zehn Werste davon kömmt aus der Steppe, und fällt nach einem Laufe von achtzehn Wersten in den Dnepr. Den Mündungen dieser drei Flüsse gegenüber liegt im Dnepr eine große Insel, Namens Chortiza, auf welcher die saporogischen Kasaken ehedem ihre Setscha hatten.

5) Die

5) Die **Bielaja**, vierzig Werste von dem vorigen, kömmt nur zwei Werste weit aus der Steppe her.

6) Die **Krasnaja**, dreißig Werste davon, kömmt zwanzig Werste weit aus der Steppe.

Die übrigen Steppenflüsse sind 7) die **Tarasowka**, 8) die **Gruschowka**, 9) die **Tomowka**, 10) die **Kamenka**, 11) die **Kamenka Krasnaja**, 12) die **Podpolnaja**, 13) der **Tschertomlik**, 14) der **Basaluk**, 15) die **Basalutzkaja-Kamenka**, 16) die **Gruschewka**, 17) die **Ternjewka-Bolschaja**, 18) die **Terniewka-Suchaja**, 19) die **Asdkarinka**, 20) die **Solotaja**, 21) die **Dornaja**, 22) die **Nanosokaka Suchaja**, 23) die **Nanosokaka Mukraja**, 24) die **Melowaja**, 25) die **Kamenka**, 26) die **Drimailowka**, 27) die **Tiegnika**; an dieser lag ehedem eine große Stadt gleiches Namens, und dabei ein dreieckiges Schloß mit einem runden Thurme und überall vom Wasser umgeben. Die steinernen Grundmauern sind noch zu sehen. 28) Der **Malot-Ingulez**; auch hier giebt es Ruinen einer Stadt. 29) Die **Beloserka**.

Unter die wichtigern Flüsse der Ukraine gehören noch ausser dem Dnepr, die **Desna**, welche nicht weit vom Dnepr im Gouvernement Smolensk entspringt, und nicht weit von Kiow sich in ihn ergießt. Der **Oster**, welcher in die Desna fällt, die **Smugna** und die **Trubeska**, deren Ufer, wie die häufigen Ruinen beweisen, ehedem sehr bewohnt waren.

## Vierter Abschnitt.

### Geschichte der Kasaken bis zu der Zeit, da sie sich bestimmte Wohnörter wählten.

So sehr die Kasaken seit ihrem Daseyn sich durch kriegerische Thaten bei allen benachbarten Völkern bekannt gemacht haben, so läßt sich doch die Zeit, in welcher sie ein ordentlicher Nationalkörper wurden, nicht gehörig bestimmen. Der Krieg, auf welchem sich ihr Ruhm gründete, ließ ihnen nicht Zeit übrig ihre Thaten zu beschreiben. Sie führten ein einfaches Leben, lebten von der Beute, die sie bei ihren Feinden machten, beschäftigten sich mit der Sorge für ihre Freiheit, und hatten für alles andre in der Welt keinen Sinn.

Ihr Ursprung fällt, ihrer eignen Angabe nach, ins J. 800, und ihre erste kriegerische Versammlung ins J. 948.

Von ihrer ältesten Geschichte erzählen sie folgendes: ein gewisser Simeon kam aus Polen nach Liman, einer am Ausflusse des Bogs gelegenen Stadt, von wo er sich nach einer Kossa (d. i. Erdzunge) begab, die noch heutiges Tags seinen Namen führt, und auf welcher er sich mit der Jagd wilder Ziegen, Schweine und andrer Thiere beschäftigte. Zu ihm gesellten sich nach und nach hundert Mann, die erkannten ihn zum Anführer oder Attaman, und machten sich bald in der ganzen Nachbarschaft als treffliche Bogenschützen bekannt, so daß auch ein griechischer Kaiser, welcher mit den Türken Krieg führte, sie in Sold nahm.

Die

Die Kasaken hielten sich in diesem Kriege, welcher an den Ufern der Donau geführt ward, so brav und leisteten dem griechischen Kaiser so wesentliche Dienste, daß er sie nicht allein seiner Freundschaft versicherte, sondern sie auch dem Könige von Polen empfahl, der ihren Attaman mit großen Freundschaftsbezeugungen empfieng.

Der Attaman schlug nun seinen Wohnsitz in der Gegend von Otschakow, nahe am Dnepr, auf, und seit dieser Zeit wuchs die Anzahl der Kasaken beständig, da sich besonders eine Menge polnischer Edelleute zu ihnen schlugen.

―――

## Fünfter Abschnitt.
### Kriege der Kasaken mit den Türken.

Die Saporogischen Kasaken hatten sich den Türken nach und nach so fürchterlich gemacht, daß Sultan Amurath zu sagen pflegte: kein Krieg sey im Stande seinen Schlaf durch ängstliche Sorgen zu unterbrechen, ein Krieg mit den Kasaken ausgenommen; und daher enthalten auch die zwischen der Pforte und Polen geschloßnen Traktaten immer den Artikel, daß den Kasaken die Schiffahrt auf dem Dnepr und schwarzen Meere nicht erlaubt seyn möge.

Es wird hier nicht am unrechten Orte seyn etwas von der Art zu sagen, wie die Kasaken mit den Türken Krieg führten, und durch einige Beispiele das Schrecken, welches sie diesen eingeflößt hatten, zu rechtfertigen.

Jenseits

Jenseits der Porogen oder Wasserfälle, von denen die Saporogischen Kasaken den Namen haben, findet man eine Menge kleine Inseln, welche den Kasaken zum Zufluchtsorte dienten. Hier bewahrten sie die Beute, welche sie auf ihren Streifereien machten, hier kamen sie zusammen, ehe sie auf den Raub ausgiengen, und hier bauten sie ihre Fahrzeuge, welche sechzig Fuß in der Länge und 10 bis zwölf in der Breite hatten. Diese Fahrzeuge waren ohne Kiel, blos auf einem Kahn von Linden- oder Weidenholz gebaut, an welchen oben und auf den Seiten fünf Bretter befestigt waren. Auf jeder Seite befanden sich gewöhnlich zehn bis funfzehn Ruder, durch deren Hülfe sie weit geschwinder als türkische Galeeren fortkamen. Aller Proviant, den sie mitnahmen, bestand in nichts als Zwieback, gekochten Hirse und Teig, den sie zur Hirse aßen.

Gewöhnlich versammelten sich fünf bis sechstausend Mann, von denen sich funfzig bis sechszig jeder mit zwei Büchsen versehen, nebst fünf bis sechs Falkonets auf ein Fahrzeug begaben. Auf dem, welches der Anführer bestieg, wehte eine Flagge, und so fuhren sie eng aneinander, daß die Ruder sich berührten, bis an das Ende des Liman.

Um die Kühnheit dieser Leute ganz beurtheilen zu können, muß man wissen, daß die Türken Meister von Kisikermen und Taganrock waren, wovon dieses auf einer Insel im Dnepr, jenes am Ufer desselben liegt. Dieser Insel gegenüber lag noch ein Ort Aslan, und von da waren bis Kisikermen und Taganrock Ketten gezogen, um den Feinden die nächtliche Fahrt zu sperren. Die Kette konnte von den Kanonen der besagten Orte völlig bestrichen werden, und gleichwol entgiengen die Kasaken, mit Hülfe einer List, der Gefahr
glück-

glücklich. Ehe sie nemlich sich den schon genannten Städten näherten, hieben sie einen dicken Baum um, an welchem sie alle Aeste liessen, und der nun gegen die Kette antreiben mußte. So wie der Baum die Kette berührte und klirren machte, feuerten die Türken ihre Kanonen ab. Sobald diese Salve vorüber war, und ehe man wieder laden konnte, giengen die kasakischen Fahrzeuge plötzlich durch, und waren bald ausser dem Schuße.

Die Erscheinung einer kasakischen Flotille verbreitete überall Furcht und Schrecken, und von Konstantinopel, das dieses Schrecken theilte, wurden sogleich Eilboten durch Romelien und Natolien gesandt, jedermann für der obschwebenden Gefahr zu warnen. Allein gewöhnlich kamen diese Eilboten später als die Kasaken, welche binnen vierzig Stunden in Natolien waren, wo sie mehr als einmal große Städte, wie Trapezunt und Sinope plünderten, ja oft sogar das Herz hatten bis eine Meile von Konstantinopel vorzudringen und im Angesicht dieser Stadt Gefangne zu machen.

Da die Kasaken die türkischen Schiffe weit eher und besser wahrnehmen konnten, als sie mit ihren nur dritthalb Fuß über das Wasser ragenden Fahrzeugen wahrgenommen wurden, so waren sie plötzlich in der Nähe des anzugreifenden Schiffes, das von allen Seiten durch kleine Fahrzeuge angegriffen, sich durchaus nicht vertheidigen konnte. Die Kasaken erstiegen es, nahmen Geld und Geldeswerth herunter, und versenkten das Schiff.

Durch ihre steten Streifereien auf dem schwarzen Meere hatten sie sich eine so große Kenntniß davon erworben, daß sie zur Nachtzeit sicherer darauf schifften, als die Türken am Tage. Sie besuchten die
Gegen-

Gegenden am Ausflusse der Donau, wo sie Barna eroberten, die Besatzung über die Klinge springen ließen, und die Stadt von Grund aus zerstörten. So hatten also die Türken keine fürchterlichern Feinde als die Kasaken, und Rußland und Polen keine sicherere Schutzmauer wider die Einfälle der Türken und Tatarn, als eben diese Kasaken, die ihr eigner Vortheil zum Kriege wider die Türken aufmuntern mußte. Denn abgerechnet, daß sie oft reiche Beute machten, so hatten sie auch kein anderes Schießgewehr, als welches sie den Türken abgenommen hatten.

Hätte also Polen, und nachher Rußland ihnen den ungekränkten Genuß ihrer Privilegien gelassen, so würden beide Mächte von Seiten der Türken stets gesichert geblieben seyn. Allein Eifersucht und Mißtrauen haben alles verdorben, und durch sie sind die Kasaken dahin gebracht worden, die Freundschaft ihrer alten Feinde suchen zu müssen.

Polen betrachtete sie von jeher als seine Unterthanen, da sie selbst nur Bundesgenossen desselben zu seyn behaupteten; daher kamen die Zwistigkeiten, deren Ende dies war, daß die Kasaken sich Rußland in die Arme warfen, welches sie ebenfalls mißvergnügt machte, und endlich sogar die Saporogischen Kasaken wider seinen eignen Vortheil vertilgte, und die elenden Reste im ganzen Reiche zerstreute.

---

## Sechster Abschnitt.

## Zwistigkeiten zwischen den Kasaken und Polen.

1580) Stephan Bathori hatte nicht sobald eingesehen, wie nutzbar ihm die Kasaken werden könnten, wenn

wenn sie die Grenzen von Reussen und Podolien, die den tatarischen Streifereien beständig blosgestellt waren, besetzten, als er ein regulaires Korps daraus zu machen beschloß. Er warb nun zehntausend Kasaken, setzte sie auf regulairen Fuß, und gab ihnen die Stadt Trechtemirow, welche er Perejeslaw gegenüber am Ufer des Dnepr erbaut hatte, und setzte einen Attaman, oder Hettman über sie, den sie selbst zu wählen das Recht haben sollten.

Diesem Attaman, welcher seinen Sitz zu Tschigirin am Ufer des Dnepers nahm, gestand der König auch das Vorrecht zu, die Befehlshaber, welche unter ihm dienen sollten, ernennen zu dürfen. Zu diesen zehntausend Mann Infanterie, fügte der König noch zweitausend Mann Reuterei, zu deren Unterhalte das Viertheil der königlichen Domänen ausgesetzt ward. Daher erhielten sie den Namen Quartani; verstümmelt Quartiani. Der Name Saporogen, bedeutet Leute, welche über die Wasserfälle des Dnepers gehen.

Bald spürte man, wie nutzbar diese Miliz zur Sicherheit der Grenzen sey. Das Land jenseits der Städte Braclaw, Bar und Kiow, das bisher eine Wüste gewesen war, ward volkreich; man baute Städte und Festungen, und aus den benachbarten Provinzen fanden sich zahlreich neue Ansiedler ein.

Die Kasaken lebten mit ihren Attamanen in dem besten Verständnisse, und besonders waren sie, wenn Krieg war, zu allem bereit, was von ihnen gefodert wurde. Beide, sowol die Ukrainischen als die Saporogischen breiteten sich allmählig immer weiter aus, bis die letztern endlich über die Wasserfälle des Dneprs hinaus giengen, und sich in mehrere Kurenen *)

theils

---

*) Kurene: ein Wort, dessen sich die Saporogischen Kasaken bedienten, um eine Gesellschaft, oder den Ort, wo

### Zwiſtigkeiten zwiſchen den Kaſaken und Polen.

theilten, welche bis zur Zeit der gänzlichen Vertilgung dieſes Korps beſtanden haben.

Die Kaſaken leiſteten der Krone Polen die weſentlichſten Dienſte, und die Einigkeit, welche unter ihnen herrſchte, ſetzte ſie in den Stand den Tatarn die Spitze zu biethen und Polen mächtig zu unterſtützen. Allein der Ruhm, den ſie ſich dadurch erwarben, und die Reichthümer, welche ſie ſammelten, erregten bald den Neid der polniſchen Großen, die nun alles anwandten ihnen die zugeſtandnen Vorrechte zu rauben.

Die Kaſaken merkten allmählig, daß man den Saamen der Zwietracht unter ihnen auszuſtreuen bemüht war, allein dieſer vielköpfige Rieſenkörper war nur von einer Seele belebt, und blieb unerſchütterlich, bis endlich aus der gegenſeitigen Kälte und den überhandnehmenden Mißverſtändniſſen ein völliger Bruch entſtand. Da die Kaſaken ihre Stärke kannten, da ſie vorherſahen, was wider ſie im Werke war, wußten, wie nutzbar ſie Polen geweſen waren, und noch ſeyn konnten, ſo fiengen ſie an darauf zu denken, wie ſie ſich einem unerträglichen Joche entziehen könnten, das ihnen mit dem Verluſte ihrer Freiheit und aller ihrer Privilegien drohte.

Im J. 1587. brach unter dem Attaman Iwan Podkowa die erſte Empörung aus. Podkowa ward gefangen und enthauptet, allein dieſer Unſtern machte die Kaſaken nicht muthlos.

Da bald darauf Siegmund III (1596) ihnen verboth auf dem ſchwarzen Meere Seeräuberei zu treiben,

---

ſich dieſe Geſellſchaft aufhielt, zu bezeichnen. Sie waren in 38 ſolche Kurenen eingetheilt, von denen jede ihre beſondre Einrichtung hatte. Die in einer Kurene wohnten, hatten Geld und Speiſe mit einander gemein. Mehr davon wird noch in der Folge vorkommen.

ben, gehorchten sie zwar, thaten aber, um sich zu entschädigen, unter dem Attaman Nalewaiko einen Einfall in Reussen und Lithauen. Bei der ersten Nachricht von ihren Bewegungen, befahl ihnen der König die Waffen niederzulegen und nach Hause zu gehen. Müde des polnischen Jochs und zur Thäthigkeit gewöhnt, gehorchten sie diesmal nicht, sondern erwarteten die polnische Armee, welche unter dem General Zolkiewsky auf sie losgieng, bei Biela-Czerkow, wo es zum Treffen kam. Schon hatte sich der Sieg beinahe für sie erklärt und die Polen fiengen an zu weichen, als Zolkiewsky, welcher Kriegskunst mit einer genauen Kenntniß des Terrains verband, sie das Schlachtfeld zu verlassen nöthigte, und nachdem er sie in eine gefährliche Stellung gebracht hatte, zwang den Attaman auszuliefern, der wie sein Vorgänger den Kopf verlor.

Im J. 1637. empörten sich die Kasaken aufs neue, weil Polen ihnen das Joch der Knechtschaft unmerklich auflegen wollte, und beträchtliche Ländereien, die von jeher den Kasaken gehört hatten, an verschiedne polnische Herrn verschenkt hatte. Diese, ohne sich um die Vorrechte der Kasaken zu kümmern, steigerten die Abgaben und unterwarfen ihre neuen Unterthanen den nemlichen Frohndiensten, welche die eigentlichen polnischen Leibeigenen zu thun schuldig sind. Auch überredeten sie den König Wladislaw und die Republik, daß es nothwendig sey, die Unverschämtheit der Kasaken zu züchtigen, und ein Fort am Dnepr zu bauen, welches eine sehr vortheilhafte Lage zu Bezähmung der Kasaken gehabt haben würde.

Der Kronfeldherr Koniepolsky schickte deshalb den Obersten Marion, einen gebornen Franzosen, mit zweihundert Mann ab, allein die Kasaken, welche merk=

ten,

ten, worauf es abgesehen war, ermordeten zuerst ihren polnisch gesinnten Attaman, erwählten an seine Statt den Pavluka, einen sehr unerfahrnen Mann, und marschirten dann den Polen entgegen. In der Gegend von Korsun stießen sie auf den polnischen General Potocki, lieferten ihm ein Treffen und wurden geschlagen. Die Flüchtigen warfen sich in die Stadt Borowitz, wohin sie Potocki verfolgte, der sie nöthigte ihm den Attaman Pavluka mit vier ihrer vornehmsten Offiziers auszuliefern, denen, trotz des gegebenen Versprechens, zu Warschau der Kopf abgeschlagen ward. Dieser Hinrichtung folgte der Verlust der Vorrechte, welche die Kasaken bisher gehabt hatten, die Aufhebung ihrer Miliz u. d. gl. mehr, was aber alles ihren Muth nicht niederschlug. Vielmehr thaten sie nun öftere Einfälle in das Gebiete der Republik, wo sie das Land verwüsteten und den Einwohnern ihre Pferde und Heerden wegnahmen.

Da der damalige Attaman den Polen ergeben war, baten diese ihn die Kasaken im Zaume zu halten, und ihnen die beständigen Einfälle nicht zu gestatten, allein Barabasch (dies war der Name des Attamans) antwortete ihnen: kommt selbst und rächt euch; ich verspreche euch alles, was ich thun kann. Aufgemuntert durch diese Einladung fieng man polnischer Seits mit dem Barabasch einen Briefwechsel an, und redete das schreckliche Projekt, alle Saporogischen Kasaken umzubringen, mit ihm ab.

Barabasch hatte einen Sekretair, Namens Chmelnicki, einen gescheuten aber äusserst rachsüchtigen Mann *), der, beleidigt von dem Attaman, seine Korrespon-

---

*) Chmelnicki war aus Litthauen gebürtig, und hatte einige Jahre als Gefangener unter den Türken zugebracht. Er

respondenz mit Polen in die Hände der Kasaken spielte, und sie von dem Komplotte, der wider sie geschmiedet ward, überzeugte. Dieser Entdeckung folgte ein allgemeiner Aufruhr der Kasaken, die alle ihre Kräfte aufboten und sich mit den Tataren, welche Toghai-Beg, Gouverneur von Perekop, anführte, verbanden.

Im J. 1648 stießen sie auf die polnische Armee, bei welcher sich die Kasaken befanden, welche es mit dem Attaman hielten. Die polnische Armee stand unter dem Kastellan von Krakau, Niklas Potocki, an dem Ufer des Scheskoi, eines kleinen Flußes, und ward so geschlagen, daß sie ihr ganzes Gepäcke verlor, und kaum der zehnte Theil mit dem Leben davon kam. Die Generals Potocki und Schömberg wurden verwundet; der erste starb an seinen Wunden, und der dritte General, Sapieha, wurde gefangen. Dieser Sieg bereicherte die Saporogischen Kasaken so sehr mit Silber und Gold, daß sie die Kleider der Erschlagenen unberührt liegen ließen.

Nun verließen alle Kasaken den Attaman Barabasch, und Bogdan-Chmelnicki ward zum Attaman erwählt. Der neue Attaman that dem Könige und der Republik Polen verschiedne Vergleichsvorschläge, allein die Antwort, welche ihm der Woiwode von Braclaw, Adam Kisieli, ertheilte, zeigte genugsam, daß Polen

hatte von seinem Vater ein kleines Landgut in der Nähe von Tschigirin geerbt, welches ihm der Kommendant von Tschigirin streitig machte, dem es auch das königliche Urtheil zusprach, dem Chmelnicki aber nur 50 Thaler Entschädigung zugestand. Diese Ungerechtigkeit brachte den Chmelnicki zu einigen ungestümen Aeußerungen, weshalb ihn der Kommendant auf öffentlichem Markte prügeln ließ. Aufgebracht über diesen Schimpf floh Chmelnicki auf eine Insel des Dnepre, von welcher ihn die Kasaken holten und zum Sekretair machten.

Polen keine Lust habe den Zwist in der Güte beizulegen. Er ließ also einen Haufen Kasaken Reussen und Podolien verwüsten, und den Krieg durch Streifereien fortsetzen. Die Polen, müde eines Kriegs, der ihre Provinzen ruinirte, sahen endlich ein, daß das beste Mittel, sich gegen diese Art Krieg zu führen zu sichern, dieses seyn würde, wenn sie die Tatarn von dem Bündnisse mit den Kasaken abziehen könnten. Sie schrieben also an den Khan; erinnerten ihn an die Proben des aufrichtigen Wohlwollens, das ihm die Könige und die Republik von jeher gegeben hätten, versicherten ihn, daß man sich ein Gesetz daraus machen werde, ihm stets wie bisher zu begegnen, wenn er mit dem Könige und der Republik Frieden schließen, und die Parthei der Kasaken verlassen würde *).

*) Schon Witowd, der Grosherzog von Litthauen, brauchte die Tatarn gegen die Kreuzherrn in Preussen — Casimir IV, König von Polen, gab den Tatarn einen Chan, Namens Mendligerei, der ebenfalls ausdrücklich in einem Traktate Hülfe gegen die Preussen versprach. Dafür ward ihnen ein gewisser Sold versprochen, welches Sigismund I. dahin abänderte, daß er ihnen jährlich zweitausend Unterkleider aus Schaalpelzen, und eine gewisse Quantität englischer Tücher gab, welches man Cupominski Tatarskiei nannte. Nach dem Tode des Chans Setkierei aber, der Sigismunden recht gute Dienste gethan hatte, wollte der König diesen Tribut nicht mehr bezahlen, weil sie treulos gegen ihn gehandelt hatten. — Eben diese Klage führte der König Stephan, der, als der Tatarchan in Warschau die gedachten Pelzkleider fordern ließ, gradezu erklärte, „daß er dem Viehe nicht mehr tributbar seyn wolle." Doch wurde nachher, da der Chan auf seiner Foderung bestand, auf dem Reichstage im Jahre 1591 beschlossen, diesen Tribut von neuen zu bezahlen, unter der Bedingung, daß sie sich an den Grenzen ruhiger verhalten sollten. Als aber der Tatarchan endlich unter dem Könige Johann Casimir zum Frieden geneigt

Der Khan erwiederte, daß er sogleich bereit wäre das alte Bündniß mit Polen zu erneuern, wenn Polen den Kasaken die Privilegien wiedergeben würde, die ihnen mit Gewalt entrissen worden wären. Bequemte sich Polen dazu, so wolle er gleichfalls alles anwenden, die Kasaken zu ihrer Pflicht zurückzubringen, und es werde in diesem Falle einzig und allein von dem Könige und der Republik abhängen, ob sie den

war, und durch seinen Wizir die Forderung erneuete, daß Polen den alten militairischen Tribut zahlen sollte, den der König Vladislaus verweigert hatte, so kam man unter andern dahin überein: „daß der König von Polen künftig den gewöhnlichen Tribut, den man bisher zurückbehalten hatte, aus bloßer Gnade bezahlen wolle, wenn der Chan deshalb Deputirte nach Kaminieck schicken wolle; dagegen versprach der Chan dem Könige mit seinen Truppen gegen jeden Feind auf den ersten Befehl bereit zu seyn. Der Brief, dem Johann Casimir in dem Kriege mit dem Tatarchan schrieb, ist folgender:

„Johann Casimir, von Gottes Gnaden, König von Polen, Großherzog von Litthauen, Rußland, Preußen, Masuren, Samogitien, Liefland, Kiow, Volhynien, Smolensk, Zernigof, wie auch Erbherr der Schweden, Gothen und Wenden, unsern Gruß an unsern Freund und Bruder, dem Souverain Chan der großen Horde der Circassischen ꝛc. Tatarn: Da wir vernommen, daß Ihr Euch der Wohlthaten unsers Bruders, des höchstseligen Vladislaus IV König von Polen, der Euch immer großmütig behandelt, und in der Macht und Freiheit, die Ihr bisher genossen habt, unterstützt hat: so wundern wir uns sehr, daß Ihr in dem Augenblicke, da ihr daran hättet denken und Euch erinnern sollen, daß Ihr ohne diese Wohlthaten nicht mehr existiren würdet, die Waffen gegen uns ergriffen, und die Rebellen unterstützt habet, da wir die Ruhe in unserm Lande wieder herzustellen suchten. Der Nutzen, den ihr davon habet und haben werdet, kann nie groß seyn; denn hoffentlich wird uns der Höchste gegen die Ungerechtigkeit schützen. Demungeachtet bieten wir Euch unsre Freundschaft an, indem den Krongroßkanzler mit seinem Wessir an Wiederherstellung der Eintracht und Ordnung wollten arbeiten lassen. Diese Antwort des Khans begleitete ein Brief des Chmelnicki, in welchem er Sr. Maj. und der Republik seine Treue und Dienste in den stärksten Ausdrücken zusicherte, vorausgesetzt, daß die Kasaken Privilegien, welche sie mit ihrem Blute erkauft hätten, wieder erhielten. Es kam nun zu einer Konferenz, wozu Zborow gewählt ward. Im Namen des Khans erschien der Wessir Sieferkai-Sulejman Aga, und im Namen Polens der Krongroßkanzler Ossolinski.

Zuerst verlangte der Wessir die Bezahlung des Soldes, welchen die Republik dem Khan zu geben gehalten wäre, und den der verstorbene König Vladislaw nicht bezahlt hatte. Ferner verlangte er, daß die Republik den Kasaken die unrechtmäßiger Weise entzogenen Privilegien zurückgeben solle, und daß den bei den Kasaken stehenden Tatarn erlaubt seyn dürfe im Rückmarsche das Land zu plündern, um sich für den erlittenen Verlust zu entschädigen.

Den 17ten August 1649 ward nach manchem Zwiste der Frieden wirklich abgeschlossen. Polen hatte zwar den Kasaken die entrissenen Privilegien wiedergegeben, schmeichelte sich aber, sie ihnen bald wieder nehmen zu können, wenn es ihm gelänge, den Khan

---

wir Euch an die Wohlthaten unsers Bruders erinnern. Auch geben wir Euch unser Wort, Euch sogleich Beweise davon zu geben, und wünschen aufrichtig, daß der Höchste dadurch Euch glänzen lassen möge als die Sonne. Gegeben im Lager bei Zborow, den 15ten August 1649. im ersten Jahre unserer polnischen und im zweiten unserer schwedischen Regierung.

Johann Casimir,
Kön. v. Polen, Großherzog von Litthauen.

Khan von der Parthei der Kasaken abwendig zu machen *).

Chmelnicki begab sich nun selbst zum König von Polen, an den er auf den Knien mit thränenden Augen eine lange Rede hielt, in welcher er ein rührendes Gemälde der Unfälle entwarf, die er ein Korps hätte leiden lassen, das ihm so sehr ergeben wäre, und

---

*) Die Hauptpunkte dieses Friedenstraktats bestanden in folgenden Artikeln: Der König bewilligte allen Kasaken und rebellischen Bauern eine allgemeine Amnestie; doch muste der Attaman Chmelnicki Se. Maj. fußfällig um Gnade bitten, blieb aber vor wie nach Attaman über die gedachten Kasaken, deren Anzahl vierzigtausend seyn sollte, und sollte nur vom Könige abhängen, nachdem er vorläufig als ein polnischer Edelmann eine Unterwerfungsakte gegen die Republik gemacht haben würde. — Von den vierzigtausend Kasaken sollte der König eine Liste von ihren Namen und Wohnungen haben, und diese sollten, wenn Chmelnicki stürbe, von einem ihrer Häupter griechischer Religion kommandirt werden. — Die zu Zborow belagerte Arme wurde freigelassen. — Die griechische Religion sollte im ganzen Reiche und selbst in Krakau freie Uebung haben, und von der römischen Kirche auf immer getrennt seyn. — Die Woiwodschaft Kiow sollte immer einem Herrn von der griechischen Religion gehören; — der griechische Bischof sollte im Senat unter den Bischöfen den neunten Platz erhalten. — Die Kasaken erhielten Erlaubniß Brandtewein zu ihrem Gebrauche, aber nicht zum Verkaufe zu machen. — Zur Kleidung wurden ihnen Tücher, und zur Bewaffnung jedem 10 Gulden versprochen. — Die Adlichen sollten auf ihren Domainen ihre Unterthanen nicht zwingen, den von ihnen erlittenen Schaden zu ersetzen; keiner von ihnen, er möchte katholischer oder griechischer Religion seyn, der mit dem Attaman der Kasaken genaue Bekanntschaft gehabt, und sich durch Verdienst und Fähigkeit den Adel erworben hätte, beunruhigt werden.

(L, S.)              Johann Casimir,

Kön. v. Polen, Grosherzog von Litthauen.

und welches mit Vergnügen sein Blut für ihn zu vergiessen bereit sey. Chmelnicki versicherte endlich, daß es ihm schmerzhaft sey, in dieser Angelegenheit vor dem Könige zu erscheinen, da er gewünscht habe blos deshalb zu ihm zu kommen, um die Belohnung für die der Republik geleisteten Dienste zu erhalten, daß er aber, weil es das Schicksal so haben wolle, seine Zuflucht zu des Königs Gerechtigkeit und Huld nehme, und ihn bitte, denen kein Gehör zu geben, welche ihn wider treue Unterthanen einzunehmen suchten. Der König ertheilte durch den Vicekanzler von Lithauen folgende Antwort: ich ziehe die Reue meiner Unterthanen ihrer Bestrafung vor, werde das Vergangene herzlich gern vergessen, und bitte dich das Andenken daran durch deine Treue in Vergessenheit zu bringen.

So war der Friede geschlossen, der aber, so sehr das Gegentheil zu hoffen war, keinen Bestand hatte. Der erste Schritt, den Polen nunmehr that, war, daß es bald darauf nach Kiow einen aus dem Senat schickte, welcher eine genaue Aufsicht über die Saporogischen Kasaken führen sollte. Adam Kisieli, Chmelnicki's geschworner Feind, schien ihm das tüchtigste Subjekt dazu zu seyn. Seine Instruktion gieng unter andern dahin, dafür zu sorgen, daß die Zahl der enrollirten Kasaken nie über 40000 Mann gehe.

Auf dem Reichstage im J. 1650 ward ausgemacht, daß zu Bedeckung der Grenzen ein Korps von 12000 Mann unterhalten werden solle; ein Umstand, aus welchem Chmelnicki schloß, daß die Polen die Bedingungen des Friedens nur so lange halten würden, als sie müßten. Indessen blieb er noch ein Jahr ruhig, ergriff aber in der Stille alle nöthigen Maaßregeln, den Polen nachdrücklich begegnen zu können.

Er sahe bald, daß es sein Interesse erfordre, mit den benachbarten Mächten in gutem Vernehmen zu stehen, und deshalb suchte er die Freundschaft Rußlands und der Pforte. Auch suchte er den Hospodar der Moldau auf seine Seite zu ziehen, wozu er List und Gewalt anwandte.

Zuerst suchte er den Hospodar dem türkischen Ministerium verdächtig zu machen, und es zu überreden, daß er in Geheim mit Polen verbunden sey. Die türkischen Minister versicherten ihn hierauf des Schutzes des Großherrn, der ihm die Ukraine als ein osmannisches Lehn zu geben versprach, und ihn etwas wider den Hospodar zu unternehmen aufmunterte.

Sein Betragen bei dieser Gelegenheit war voll Feinheit und Verstellung. Er bewog die Tataren den Krieg anzufangen, und gestattete blos 4000 Kasaken sich mit ihnen zu vereinigen. Um das Projekt noch geheimer zu halten und die Aufpasser irre zu führen, schickte der Khan Gesandte an Chmelnicki, welche ihm für die Hülfe dankten, die ihm in dem Kriege wider die Tscherkassen geschickt worden wäre, und um neue Hülfstruppen zu bitten, weil er einen Einfall in Rußland zu thun willens sey. Jedermann erwartete dies, und der Hospodar der Moldau blieb ganz ruhig, bis ein zahlreiches Heer Tatarn mit 4000 Kasaken in sein Land einfiel. Alles was ihm nun noch übrig blieb, war, sich in die bei seiner Hauptstadt Jasch gelegenen Wälder zu flüchten, wo er eine Verschanzung von Bäumen anlegen ließ, und nun mit den Tatarn einen Vertrag schloß, worinnen er versprach, ihnen 20000 Dukaten zu bezahlen, und dem Timotheus, des Chmelnicki Sohn, seine Tochter zu geben.

Polen ward über diesen Vorfall unruhig, und bekam in kurzem Ursache es noch mehr zu werden,

denn

denn die Ukrainischen Bauern weigerten sich, unterstützt von den Saporogischen Kasaken, ihre ehemaligen polnischen Gutsbesitzer wieder anzunehmen, und mißhandelten und ermordeten so viele davon, als ihnen vorkamen. Dies bewog den König den General Potocki mit einem zahlreichen Truppenkorps nach Kaminieck zu senden.

Chmelnicki ließ hierauf dem polnischen General zu wissen thun, wie es ihn sehr befremde, daß mitten im Frieden, und während daß die Republik ein beträchtliches Heer Kasaken zu ihrer Disposition habe, sich polnische Nationaltruppen der Grenze näherten, worauf Potocki dem Abgesandten erklärte, daß die Kasaken den Frieden gebrochen hätten, und er ohne Befehl des Königs sich nicht zurückziehen könne.

Die polnischen Edelleute, denen in der Ukraine so übel begegnet worden war, an deren Spitze sich der Fürst Wisnowitzky befand, häuften indessen Klage über Klage, bis der König endlich selbst an Chmelnicki schrieb, ihm den Zug gegen die Moldau und die dem polnischen Adel in der Ukraine erwiesenen Beleidigungen vorwarf, und ihm befahl, die Kasaken nach Hause gehn zu lassen, und die Bauern zu bestrafen, welche wider ihre Herrn die Waffen ergriffen hätten. Chmelnicki empfieng das Schreiben mit allen Merkmalen der Ehrerbietung, versprach auch alles genau zu erfüllen, machte aber nicht die geringste Anstalt dazu, sondern beschäftigte sich mit Anstalten, die er für die Sicherheit des Landes am besten hielt.

Seine Unterhandlungen mit der Pforte und Rußland machten die Polen unruhig, so, daß der König zu Ende des Jahres 1650 für nöthig fand, einen Reichstag zusammen zu berufen. Einige der Glieder dieser Versammlung, sich an die Drangsale des vorigen

rigen Krieges erinnernd, waren zum Frieden geneigt, allein die größte Zahl stimmte auf Krieg. Während dieser Debatten schickten die Kasaken Gesandte auf den Reichstag, welche verlangten, daß die Vereinigung der Griechen mit den Römischkatholischen unterbleiben sollte, wie es im Frieden zu Zborow ausgemacht war; daß Chmelnicki im Besitz des an den Dnepr stoßenden Landes bleiben, kein polnischer Edelmann einige Macht über die dortigen Bauern haben, sondern die Edelleute, welche sich dort niederzulassen Lust hätten, gleich den Bauern arbeiten sollten, daß neue Bischöffe in voller Senatsversammlung die Haltung dieser Artikel beschwören, und an Chmelnicki vier Woiwoden als Geißel ausgeliefert werden sollten, worauf denn Chmelnicki eine Million Gulden bezahlen wolle. Verwürfe man polnischer Seits diese Vorschläge, so foderte er, daß man den Kasaken ein Land überlassen solle, wo sie, ohne mit den Polen etwas zu schaffen zu haben, leben könnten; daß der König und zwölf der vornehmsten Senatoren den Zborower Frieden eidlich bekräftigten, drei von ihnen als Geißel bei dem Attaman blieben, und alle Vereinigung der Griechen und Katholiken aufhörte.

Vorschläge dieser Art konnten die Aufrechterhaltung des Friedens eben nicht befördern; sie wurden rund abgeschlagen, und wer noch bisher zum Frieden geneigt gewesen war, schlug sich auf die Seite derer, welche Krieg wünschten. Man beschloß 50000 Mann zu werben, und bei dem Kurfürsten von Brandenburg die Truppen zu requiriren, die er wegen Preußen als Vasall im Nothfall zu stellen hatte. Auch wollte man den Krieg noch vor Eintritt des Frühlings anfangen, um den Kasaken die Mittel sich zu rüsten zu benehmen, sie, ehe die Flüsse und Moräste aufgiengen, angrei=

greifen, und vielleicht gänzlich bezwingen zu können, ehe ihnen die Türken, welche die Kälte nicht vertragen konnten, oder die Tatarn, die im Winter keine Fütterung für ihre Pferde hatten, zu Hülfe kämen. Allein dies Projekt schlug fehl, denn ohngeachtet die Brandenburgischen Truppen frühzeitig genug da waren, so gieng es doch mit der Werbung äusserst langsam. Daher schickte der König den Feldzeugmeister Kalinowsky mit einem Korps an die Grenze, um nöthigenfalls den Kasaken begegnen zu können, im Fall sie sich nicht länger sollten mit leeren Friedensversicherungen hinhalten lassen. Chmelnicki, der lieber der erste seyn, als die Feindseligkeiten abwarten wollte, ließ 3000 Mann unter dem Nieczai in Polen einrücken, der alles mit Feuer und Schwerd verwüstete, und in Gegenwart eines türkischen Gesandten die Deputirten des Woiwoden von Braclaw umbrachte, zuletzt aber von den Truppen dieses Woiwoden und Kalinowsky in Krasma gänzlich geschlagen ward.

Chmelnicki schickte nun den Bogun, einen andern General, dem Kalinowsky entgegen, der auch die Stadt Winnicza am Bog wegnahm, nachdem die Polen aber über den Fluß gegangen waren, wieder daraus vertrieben ward. Zum Glück für die Kasaken, welche schon auf der Flucht waren, erhielt Bogun in eben dem Augenblick 8000 Mann Verstärkung. Kalinowsky räumte nun die Stadt, ließ nur einige Truppen, den Troß und das Gepäck darinnen, und stellte sein Korps in Schlachtordnung. Indessen ergriff die in Winnicza zurückgebliebenen Truppen Schrecken und Bestürzung; sie plünderten das Gepäck, und verliessen die Stadt. In dieser Verwirrung thaten die Kasaken den Angriff, schlugen die polnische Armee, und trieben sie mit Verlust von 4000 Mann und der ganzen Artillerie unter die Kanonen von Bar. Die-

Diese Niederlage nöthigte den König, der nach Zurowitsch wallfahrten gegangen war, an die Grenze zu eilen, wo der Krongroßfeldherr Potocki seine Truppen bei Sokal versammelte. Zu Lublin erfuhr er den Einfall der Kasaken in Podolien, und ihr Bündniß mit der Pforte, das letztere durch den Oestreichischen Gesandten in Konstantinopel.

Kalinowsky, der sich von Bar nach Kaminieck gezogen hatte, erhielt Befehl, augenblicklich zur großen Armee zu stoßen. Er ließ also in dieser wichtigen Festung eine starke Besatzung, und machte sich auf den Marsch, auf welchem ihn 18000 Kasaken und 2000 Tatarn unaufhörlich beunruhigten. Der übrige Theil der Kasakischen Armee 60000 Mann stark, beschloß unter Chmelnicki's Anführung einen Angriff auf Kaminieck zu thun, mußte aber nach einigen vergeblichen Stürmen das ganze Unternehmen aufgeben.

Kalinowsky hatte der schlechten Wege willen und wegen der steten feindlichen Angriffe seine Wagen im Stiche lassen müssen, um sich nun doch in etwas zu entschädigen, und seiner Armee in den Augen des Feindes ein größeres Aussehen zu geben, ließ er die Packknechte auf die Pferde dieser Wagen steigen, und so langte er nach einer Menge Fährlichkeiten zu Ende des Mays bei der großen Armee an, die ohne die Knechte zu rechnen, auf 80000 Mann stark war.

Da diese große Armee nicht lange an dem nemlichen Orte subsistiren konnte, entschloß sich der König sie bald zu beschäftigen. Man hielt einen Kriegsrath, welcher eine ganze Nacht dauerte, und worinnen ein Angriff auf die Kasaken beschlossen ward.

Den 15ten marschirte der König mit den Krontruppen und den Brandenburgern nach Beresteskow. Er selbst kommandirte den Kern dieses Korps, die andern

dern standen unter den Generalen Potocki, Kalinowsky, Szavrowsky, Wiesnowizky, Lubomirsky, Landsko-
ronsky, Sapieha und Koniepolsky.

Unterweges erfuhr man von einem Kasakischen
Ausreisser, daß Chmelnicki sein bisheriges Lager bei
Zbaras verlassen habe, und dem Khan entgegen mar-
schirt sey. Der König schickte nun 3000 Pferde ab,
um Erkundigungen von dem Feinde einzuziehen, und
erfuhr durch Gefangene, daß Chmelnicki sich mit den
Tatarn vereinigt, und starke Detaschements zu Reco-
gnoscirung des polnischen Lagers abgeschickt habe. Der
König verließ nun Berestesskow, und näherte sich Dubno, war aber noch auf dem Marsche, als der Prinz
Wiesnowitzky ihm sagen ließ, daß Chmelnicki und der
Khan ihm entgegen rückten. Die Armee mußte nun
ihre vorige Stellung wieder einnehmen, und hatte sich
kaum gestellt, als die ganze Kasakische und Tatarische
Armee nach Pereatin, das nur 500 Schritte von Berestesskow lag, vorrückte.

Die beiden ersten Tage, der 27ste und 28ste Jun,
vergiengen unter Schärmützeln, wobei die Tatarn, so
wie die Polen, viele Leute einbüßten. Da die Polen
merkten, daß der Feind sie hinzuhalten suchte, bis ihre Lebensmittel aufgezehrt wären, beschlossen sie den
folgenden Tag ein Treffen zu liefern. Mit Anbruch
des Tages stellte der König sein Heer in Schlachtordnung, ohne daß es der Feind wegen des dicken Ne-
bels gewahr ward.

Mit der aufgehenden Sonne zeigten sich auch
300000 Kasaken und Tatarn in Schlachtordnung.
Die Tatarn, welche einige Anhöhen eingenommen hatten, waren in Form eines halben Mondes gestellt, und
hatten rechts die Kasaken, welche mit einigen tatarischen Schwadronen untermengt, dem polnischen linken
Flügel

Flügel gegen über standen. Der Vormittag vergieng in leichten Scharmützeln, bis der König, welcher merkte, daß der Feind einen ernstlichen Angriff bis zur Nacht aufzuschieben suche, seinen Truppen verbot ihre Linien zu verlassen, und dem Fürsten Wiesnowizky den Angriff thun ließ. Die Kasaken empfiengen ihn mit unerschütterlicher Standhaftigkeit, bis neue Truppen anrückten und in die Kasaken einbrachen. Der König that selbst mit dem Hauptkorps einen Angriff auf die Tatarn, wobei drei Mann neben ihm niedergeschossen wurden. Die Nacht und die Schnelligkeit ihrer Pferde retteten die Tatarn von einer gänzlichen Niederlage; sie büßten aber einen guten Theil ihrer Sättel, Säbel, Wägen, Zelt und Standarte ihres Khans und seine kleine silberne und vergoldete Trommel ein.

Chmelnicki war in der Absicht bei den Tatarn geblieben, sie ins Treffen zurück zu bringen, allein der Khan machte ihm harte Vorwürfe, daß er die wahre Stärke der polnischen Armee verschwiegen habe, drohte, daß er ihn an den König schicken, und die gefangnen Tatarischen Mursen gegen ihn austauschen werde; und betheuerte endlich, daß er ihn nicht eher loslassen würde, bis er den Tatarn eine beträchtliche Geldsumme und einen Theil der in Polen gemachten Beute überlassen werde.

Der König ließ in der Nacht das te Deum auf dem Schlachtfelde singen, und seine Artillerie auf die von den Tatarn verlassenen Höhen führen, um die Kasakische Hauptarmee, welche sich an einen großen Morast gezogen hatte, zu ruiniren.

Die Kasaken, welche in Chmelnicki's Abwesenheit ein gewisser Dziadziali kommandirte, suchten nun die königliche Huld anzuflehen, allein ihre Briefe wurden zurückgeschickt, weil der König sie mit Gewalt zum
völli-

völligen Gehorsam bringen wollte. Die Meinung einiger polnischen Offiziers, sie durch Anlegung eines Dammes zu ersäufen, ward verworfen; man ließ aus Brody alles schwere Geschütz herbeibringen, Brücken ober- und unterhalb ihres Lagers schlagen, um die Gemeinschaft unter den polnischen Truppen zu erhalten, und Schanzen auf den Anhöhen anlegen, um das kasakische Lager bestreichen zu können.

Den 4ten Jul. überrumpelten die Kasaken eine dieser Schanzen, wurden aber wieder daraus vertrieben, auch von einem Hügel mit Verlust von 500 Mann gejagt. Den 5ten thaten die Kasaken einen starken Ausfall, wurden aber mit großem Verluste in ihr Lager zurück getrieben. und das Projekt, die Polen in der folgenden Nacht zu überfallen, ward theils durch einen großen Regen, theils durch die Wachsamkeit der königlichen Armee vereitelt. Da sie nun weiter keinen Ausweg sahen, schickten sie drey Deputirte ins polnische Lager, welche demüthigst um Frieden bitten mußten. Den andern Tag wurden ihnen folgende Friedensbedingungen vorgelegt: 1) sollten sie zwölf ihrer Anführer als Geißel zurück lassen, bis sie ihren Attaman Chmelnicki und seinen Geheimschreiber Wigowsky ausgeliefert hätten; 2) die im Kriege erbeuteten Kanonen und Fahnen zurückgeben; 3) die Standarte ihres Generals von der Miliz ausliefern; 4) sollte, wenn sie die Zahl von 12000 Kasaken zur Sicherheit der Grenzen nicht für zulänglich hielten, dieser Artikel nochmals in Ueberlegung gezogen werden; 5) sollten sie keine andern Privilegien haben, als die ihnen 1628 der General Koniepolsky zugestanden hätte.

Da die Deputirten den Kasaken diese Bedingungen vorgelegt hatten, antworteten sie, daß sie ihr möglichstes

lichstes thun würden, den Attaman und seinen Geheimschreiber in die Hände des Königs zu liefern; Geissel aber könnten sie nicht geben; auch die folgenden zwei Artikel wollten sie eingehen, sonst aber müsse der Vertrag von Zborow zum Grunde gelegt werden.

Da der König mit dieser Antwort höchst unzufrieden war, nahmen die Feindseligkeiten wieder ihren Anfang, und die Kasaken trieben ihre Verwegenheit so weit, sich dem polnischen Lager so zu nähern, daß sie die den Soldaten ertheilten Befehle hören konnten. Dziadziali, welcher zum Frieden geneigt war, ward abgesetzt, und Bogun an seine Stelle erwählt. Um sich durch etwas auszuzeichnen, gieng dieser dem Woiwoden von Braclaw entgegen, der mit einiger Mannschaft über den Fluß gegangen war, um den Kasaken Lebensmittel und Rückzug abzuschneiden. Kaum hatte er aber das Lager verlassen, als die andern Kasaken, welche sich einbildeten, daß er sie gänzlich verlassen wolle, in der größten Unordnung die Flucht ergriffen. Bogun, der sie aufhalten wollte, ward selbst mit den Flüchtigen fortgerissen.

Der Woiwode von Braclaw glaubte anfangs, daß man ihn angreifen wolle, und machte deßhalb die nöthigen Dispositionen; da er aber seinen Irrthum erkannte, setzte er dem Feinde nach, so gut es ihm die schlimmen Wege erlauben wollten. Der Rest der polnischen Armee eilte dem feindlichen Lager zu, um dort zu plündern. Zweitausend Kasaken, die sich auf eine kleine Anhöhe gezogen hatten, legten eine Verschanzung an, um sich dort als Verzweifelte zu wehren. Sie verkauften ihr Leben sehr theuer, und da sie endlich weichen mußten, stürzten sich einige in den Fluß, andere in den Morast.

Um

### Zwistigkeiten zwischen den Kasaken und Polen. 33

Um zu zeigen, wie wenig sie das Leben schätzten, das man ihnen anboth, und daß sie von nun an allen seinen Gütern entsagten, warfen viele alles Geld, das sie bei sich trugen, in das Wasser, und ließen sich dann niederhauen. Ein einziger vertheidigte sich drei Stunden wider einen ganzen Haufen Polen, wollte durchaus keinen Pardon haben, und fiel endlich von einem Pikenstoße, den ihm ein deutscher Soldat beibrachte.

Die Polen fanden in dem Kasakischen Lager eine Menge Weiber und Kinder und eine beträchtliche Beute; darunter waren 40 Kanonen, mehrere Fahnen, der Degen, den der griechische Patriarch dem Chmelnicki geschickt hatte, die Kostbarkeiten eines griechischen Prälaten, den ein junger Pole mit einem Pfeilschuße getödtet hatte, eine Kasse von 30000 Reichsthalern, Briefe vom Sultan, vom Großfürst von Moskau u. dgl.

Da der König von hier nach Krzeminiecz marschirte, und den ganzen Weg mit Leichnamen besäet fand, ward er überzeugt, daß dieser Krieg zu nichts dienen werde, als eine der schönsten Provinzen seines Reichs zu verwüsten, und eine Menge Edelleute zu Grunde zu richten, die große Besitzungen darinnen hatten, und keine Einkünfte daraus würden ziehen können. Dies allein verhinderte den gänzlichen Ruin der Kasaken. Wäre der König seinem ersten Plane nach, nach Kiow gegangen, und hätte er von da Truppen in die Ukraine geschickt, so würde er die Kasaken wahrscheinlich ganz unter das Joch gebracht haben; allein die polnischen Großen, welche gern nach Hause wollten, überredeten ihn, die Kasaken wären schon zu sehr gedemüthigt, als daß sie je wieder an

einen

einen Aufruhr denken würden, und so begab er sich nach Warschau zurück.

Indessen war Chmelnicki wieder in die Ukraine zurück gekommen, wo er alles anwandte, den Kasaken wieder Muth einzuflößen, welches ihm auch so gut gelang, daß seine Armee in kurzer Zeit wieder 40000 Mann stark war, ohne noch 4000 Tatarn zu rechnen, die ihm der Khan überlassen hatte.

Sobald der Fürst Radzivil hievon Nachricht erhalten, rückte er nebst dem Woiwoden von Smolensk gegen Kiow an, verjagte die Kasakenobristen Anton und Orkussa, besetzte die Stadt, und entwaffnete die Einwohner. Chmelnicki that alles mögliche den Kasaken über diesen Verlust Trost zuzusprechen, und versicherte sie, daß, wenn das Glück hartnäckig genug bleiben sollte, sie im türkischen Gebiete eine sichere Zuflucht finden würden, weshalb er auch schon an den Pascha von Silistria geschrieben habe. Seine Vorstellungen machten Eindruck, und die Kasaken fingen ihre Streyfereien aufs neue an.

Potocki, der das Uebel im Aufkeimen ersticken wollte, schickte anfangs ein Detaschement von zweitausend Mann ab, dem er selbst mit mehr Truppen nachfolgte. Sieben Schwadronen, die er nach Biela-Czerkow detaschirt hatte, und welche sich unterweges mit der Plünderung von Pavolock aufhielten, wurden von Kasaken und Tatarn überfallen und gänzlich ruinirt.

Zum Glück trieb der Prinz Wiesnowitzky die Kasaken bis Biela-Czerkow zurück; und da Potocki erfuhr, daß Chmelnicki nur 2000 Mann bei sich habe, so glaubte er alles thun zu müssen, um zu verhindern, daß er keine Verstärkungen erhalten könne.

Er

Er rückte deshalb nach Trylicz, einem ziemlich festen Orte, und nahm ihn nicht ohne große Einbuße weg. Allein diese Eroberung hatte nicht den gehofften Nutzen, denn der Fürst von Radziwil, konnte sich nicht mit Potocki vereinigen, weil er in Kiow von den Kasaken eingeschlossen war. Chmelnicki glaubte diesen Umstand benutzen zu müssen, um einen anständigen Frieden zu erhalten. Er schickte also Deputirte an Potocki und versicherte, daß er sich genau nach dem Vertrage von Zborow richten werde, so, daß es nach einigen Streitigkeiten wirklich zu Unterhandlungen kam, worauf den 28sten September 1651 Chmelnicki sich mit den Vornehmsten der Kasaken ins polnische Lager verfügte, den Frieden unterzeichnete, und zuletzt noch prächtig bewirthet ward *).

*) Nach diesem Friedenstraktate sollte die Armee der Saporogen aus 20000 Mann bestehen, und in den Woiwodschaften Kiow, Braclaw und Zernigof, wo keine polnischen Truppen liegen sollten, ihr Quartier bekommen. Wollen Unterthanen des Adels unter diese Armee gehen, so erhalten sie das Recht, ihre Güter zu verkaufen, und in die gedachten Woiwodschaften zu ziehen. Ueber die 20000 Mann soll eine Liste, in welche Namen, Vornamen und Wohnung eingeschrieben werden sollen, verfertigt, und von dem Generale unterzeichnet, einmal an den König geschickt, und dann auch im Archiv zu Kiow aufbewahrt werden. Alle Enrollirte haben alle Freiheiten und Vortheile der Kasaken zu genießen, wovon die übrigen ausgeschlossen sind. Der General der Kasaken erhält zu seinem Unterhalt die Stadt Zigirin; hat alle Dienste bei seiner Armee zu vergeben, und steht übrigens unter dem Schutze der Krone, der er eine unverletzliche Treue geschworen hat. — Die griechische Religion soll allen Schutz genießen, und die im Kriege weggenommene Kirchengüter sollen zurück gegeben werden. — Ferner sollen alle Anhänger der Kasaken an der allgemeinen Amnestie Theil haben; die Juden sollen in ihren

Dieser Frieden war nur von kurzer Dauer, denn statt daß die Polen hätten suchen sollen, wie sie die Kasaken einschläfern könnten, fiengen die polnischen Edelleute die Bauern aufs neue an zu tyrannisiren. — Im folgenden Jahre 1652 schickte Chmelnicki Gesandte an den Hospodar der Moldau, um diesen an das Versprechen, seine Tochter dem Sohne des Attamans zu geben, zu erinnern, statt dessen aber ersuchte dieser den König von Polen so dringend die Heurath zu verhindern, daß er endlich ein Korps von 10000 Mann unter Kalinowsky's Anführung erhielte.

Chmelnicki schrieb sogleich an Kalinowsky, und beklagte sich über einen Schritt, der ihm um so sonderbarer vorkommen müsse, da weder er noch die Republik von dieser Vermählung Nachtheil haben könne, allein diese Vorstellungen waren vergeblich. Nun schickte Chmelnicki dem Bruder des Kalinowsky, der seine Quartiere zu Neschem hatte, ein Pferd zum Geschenk, welchem man Mähne und Schweif abgeschnitten hatte, um einen Zügel daraus zu machen, den man auf das Pferd legte; er selbst aber rückte mit seiner Armee nach Batora, wo die Polen standen, und schlug sie völlig. Kalinowsky blieb in diesem Treffen, und sein Kopf ward dem Chmelnicki über-

---

Bürgerrechten geschützt werden, und vor wie nach von den Edelleuten Güter pachten können. Die Tataru hingegen sollten sogleich das Reich verlassen, ohne Schaden anzurichten; der Kasaken-General solle alles mögliche thun, sie zum Dienste der Republik zu bewegen; könne er dies aber nicht vor dem nächsten Reichstage bewirken, so sollten die Kasaken alle Freundschaft mit ihnen aufgeben und sie bekriegen.

überbracht. Wie die Nachricht von diesem Siege sich in der Ukraine verbreitete, ermordeten die Bauern alle polnische Edelleute, welche in ihre Hände fielen.

Chmelnicki gieng nun gerade auf Kaminieck los, während die Tatarn die Bestürzung der Polen noch durch häufige Einfälle vermehrten. Der Hospodar von der Moldau stand auch nun nicht einen Augenblick an, des Attamans Sohn seine Tochter Irene zur Gemahlinn zu geben.

Chmelnicki war so fein, daß er in einem um diese Zeit an den König von Polen geschriebenen Briefe sich stellte, als halte er blos den Kalinowsky für den Urheber des Friedensbruchs, und als glaube er, daß dieser aus Eifersucht die Vermählung seines Sohns mit der Moldauischen Prinzeßinn zu hintertreiben gesucht habe; und da der König ihn in seiner Antwort beschuldigte, er habe sich unter den Schutz der Pforte begeben wollen, und die polnischen Gesandten ihm die Urheber dieses Gerüchts nannten, ließ er ihnen den Prozeß machen. Allein der König schickte eine Armee wider ihn, und da diese völlig geschlagen ward, setzte er sich selbst an die Spitze derselben, und gieng auf den Attaman los, der sich indessen mit dem Khan vereinigt hatte. Es kam zum Treffen, der König ward geschlagen, eingeschlossen, und 12000 Polen starben Hungers. Der König selbst erhielt seine Freiheit nur durch Bezahlung einer großen Geldsumme.

Der Khan verwüstete nunmehr Litthauen, schleppte mehr als 5000 Menschen in die Sklaverei, und verwüstete auf dem Rückmarsche auch die Ländereien seines Bundesgenossen Chmelnicki. Dies nebst dem polnischen Kriege bewogen endlich den Attaman für

sich

sich und sein Volk zu sorgen, sich gänzlich der polnischen Oberherrschaft zu entziehen, und unter rußischen Schutz zu begeben.

## Siebenter Abschnitt.
### Die Kasaken unterwerfen sich Rußland.

Polen war damals zugleich von den Russen, den Schweden und dem Fürsten von Siebenbürgen angegriffen, und jeder suchte die Freundschaft der Kasaken zu erhalten. Chmelnicki war schon für Rußland entschieden. In der Rathsversammlung, die er deshalb mit seinen vornehmsten Officieren hielt, beschloß man eine Gesandtschaft an den Zaar Alexej-Michailowitsch zu senden, um ihm die Oberherrschaft über den ganzen Strich der Ukraine, der den Saporogischen Kasaken gehörte, anzutragen. Der Zaar empfing die Gesandten mit großer Achtung, überhäufte sie mit Höflichkeiten und Geschenken, und schickte den Geheimenrath Butturlin mit ihnen zurück, um über die vortheilhafteste Art den Krieg gegen Polen zu führen, zu unterhandeln. Butturlin nahm die Huldigung der Saporogischen Kasaken an, welche ihm die Städte Kiow, Stapski, Rzyovo, Trzypol, Trechtemicov und Kannef übergaben. Unter das Verzeichniß der vornehmsten Kasaken schrieb der Zaar mit eigener Hand, daß sie mit den rußischen Edelleuten gleichen Rang haben sollten. Der Vertrag war folgenden Inhalts:

1) Sollten die Kasaken keine Abgaben zu bezahlen haben; sie sollten 2) nach ihren hergebrachten

Gesetzen und Gewohnheiten leben; 3) freien Handel mit allem treiben; 4) dem Zaar bei der ersten Foderung 60000 Mann stellen, 5) wolle der Zaar jedem, der ihm zu Pferde oder zu Fuße diene, jährlich 4 bis 6 Rubel Gold geben.

So kamen die Kasaken unter rußische Herrschaft, und leisteten dem Reiche die wesentlichsten Dienste. Im Jahr 1660 unterwarf sich zwar Georg Chmelnicki des ältern Attamans Sohn den Polen, weil der Zaar seinem Sohne die polnische Krone zu verschaffen suchte, und die Kasaken fürchteten, daß er sie aus Staatsabsichten verlassen könnte. Da der Zaar aber nicht erhielt, was er suchte, kehrten auch die Kasaken wieder zu ihrer Pflicht zurück *).

Ach-

*) Da sich die Kasaken Rußland unterwarfen, so gestand man ihnen zu, daß sie ihre Besitzungen behalten durften. Doch hatten diese Privilegia, ob sie gleich von allen Zaaren bestätigt wurden, das gewöhnliche Schicksal; man suchte sie abzuschaffen oder wenigstens nach und nach zurück zu nehmen, welches natürlich schlimme Folgen haben muste. — Unter der Regierung der Kaiserinn Elisabeth, die jedoch wegen ihres Lieblings, des Feldmarschalls Rasumowsky, den Kasaken nicht ungeneigt war, die aber zu Ende ihrer Regierung mehr als sechzehn Jahre nicht mehr den Versammlungen und Entscheidungen des Senats beiwohnte, wurde Neu-Servien zu einem Gouvernement gemacht, und eine Strecke Landes nebst mehrern, von jeher den Kasaken gehörigen Wäldern dazu genommen; auch wurden zur Bebauung der Ländereyen, und zur Beobachtung der Kasaken Husaren dahin gelegt. Die Kasaken beklagten sich darüber; aber statt ihnen Genugthuung zu geben, wurden die Deputirten ins Gefängniß geworfen, wo sie vor Gram starben. Dennoch ließen sich die Kasaken dadurch nicht muthlos machen; sie schickten neue Deputirte, um ihre Rechte zu behaupten, und ihren Protektoren vorzustellen, daß, ohne ihre Arme, und ohne ihren Muth Rußland seine weitläuftigen

## Achter Abschnitt.
## Die Kasaken unterwerfen sich Karl dem Zwölf=
ten und dem Krimmischen Khan.

Schon seit 1708 hatte Karl der Zwölfte einen ge= heimen Briefwechsel mit dem damaligen Attaman Ma=

Ländereien nicht erhalten haben würde. Dadurch aber wurden die, welche das Ruder des Staats führten, nur noch mehr aufgebracht, und man nahm ihnen nicht nur die übrigen Privilegien, sondern verfuhr auch so mit ih= nen, daß sie ihren Untergang für entschieden ansahen. — Die Hauptstreitigkeit betraf einen Wald, der jetzt ei= nen beträchtlichen Theil von Neuservien ausmacht, und Tschornoi s leß, oder Schwarzwald, heißt. Die Deputirten der Kasaken bewiesen, daß sie ihn von jeher ruhig beses= sen, und ihre ehemalige Attamans und Aeltesten Bie= nenstöcke darinn unterhalten hätten, auch zeigten sie, daß die Saporoger Kasaken ihre Besitzungen an dem Flusse Ingula bis an die Quelle desselben gehabt hätten, daß sie dort und in Balka Lasowatka freien Handel trieben, und daß sie immer im Dniepr und allen kleinen Flüs= sen in der Wüste von Otschakow, von der Insel Chorliza bis an den Fluß Bog die Fischerei gehabt hätten. — Zu diesen Gründen fügten sie noch eine lange Beschrei= bung der Ländereien, auf denen sie immer gejagt, und ein nicht weniger langes Verzeichniß der Flüsse hinzu, in welchen sie von der Quelle bis zum Ausflusse derselben gefischt hatten. Ueberdies hätte man, fügten sie hinzu, allemal, wenn jemand von den Grashügeln hätte Salpe= ter machen wollen, sich von den Kasaken Erlaubniß dazu ausgebeten, die sie dann für eine jährliche Abgabe er= theilt hätten. — Ihre Gründe fanden aber kein Ge= hör, und überdies wurden ihnen zur Strafe für die Dreistigkeit ihrer Beschwerde alle gedachte Ländereien weggenommen, und den neuen Einwohnern von Neu= Servien gegeben.

Mazeppa angefangen; und diese Unterhandlung fand um so weniger Schwierigkeiten, da ein großer Theil Kasaken mißvergnügt mit Rußland war, weil dieses ihnen, wider die zugestandenen Privilegien, eine starke Kopfsteuer aufgelegt hatte. Bisher hatten die rußischen Zaare die Anzahl ihrer Unterthanen nicht genau gewußt; ein Umstand, wodurch der Einführung eines regulären Truppenkorps große Hindernisse in den Weg gelegt worden waren: General Tschernitscheff rieth also Peter dem Ersten seinen Unterthanen eine Kopfsteuer von 60 Kopeiken jährlich aufzulegen. Diese neue Einrichtung fand auch in der Ukraine Platz, wo sie, wie gesagt, großes Murren erregte. Nun gelangen Karls des Zwölften Unterhandlungen: Mazeppa versprach ihm, in dem Augenblicke, da er die Ukraine betreten würde, die Fahne des Aufruhrs aufzustecken, und ihm zu folgen. Karl benutzte aber dieses Versprechen nicht so wie er wohl gekonnt hätte, sondern zog die Sache in die Länge, und brach los, da es nicht mehr Zeit war.

Während Mazeppa diese Unruhen anstiftete, wußte er sich Peter des Ersten Vertrauen so gut zu erwerben, daß dieser Regent von allem dem, was man ihm von seinen Absichten sagte, nichts glaubte. Als daher zwei Aeltesten von den Saporoger Kasaken, Iskra und Gutschubei, dessen Familie noch jetzt unter die berühmtesten in der Ukraine gehört, ihm anzeigten, daß Mazeppa eine Verrätherei anspinne, so schickte der Zaar sie an den Attaman mit Briefen zurück, worin er ihm die Treulosigkeit dieser beiden Offiziere anzeigte. Mazeppa las diese Briefe, und ließ sie so gleich hinrichten.

Endlich im Jahre 1709 drang Karl der Zwölfte mit seiner Armee in die Ukraine. Sobald er an der

der Grenze angekommen war, verließen viele Saporoger Kasaken gemeinschaftlich mit ihrem Attaman die Partei des Zaars, und nahmen von dem Könige von Schweden einen Kommandostab mit aller unter diesen Truppen gewöhnlichen Pracht an. Hierauf stießen sie mit einigen Regimentern zur schwedischen Armee bei Conatop, unweit Zernigof und verpflichteten sich, Karln dem Zwölften Baturin, nebst der ganzen Ukraine in die Hände zu spielen, und mit den Tatarn und donischen Kasaken in Allianz zu treten.

Mazeppa's Abfall war für den Zaar nicht ohne Nachtheil; man hielt Kriegsrath darüber, und um den schlimmen Folgen dieses Vorfalls vorzubeugen, erhielt Menzikof, der sich kaum von den Strapazen der Schlacht bei Lesno erholt hatte, Befehl, sich der wichtigen Stadt Baturin zu bemächtigen. Mazeppa, der davon unterrichtet wurde, that sein möglichstes, den König von Schweden zu bewegen, dem Menzikof zuvorzukommen, und sich der mit Kriegs- und Mundbedürfnissen reichlich versehenen Stadt Baturin zu bemächtigen. Da aber der König seine Zeit damit hinbrachte, daß er kleine Städte von weniger Bedeutung eroberte, so erhielt Menzikof Zeit zur Ausführung seines Entwurfs. Er drang mit dem Degen in der Faust in die Stadt ein, und hieb alles nieder, was er vorfand. Mehrere wurden gehangen, (und unter andern ein preußischer Edelmann, Namens Königseck, der bei der Artillerie des Attaman stand); andere wurden auf Breter genagelt, der Willkühr der Wellen überlassen, und kamen im Dnepr um. Mazeppa wurde im Bildniß aufgehangen; die ganze Artillerie, die aus mehr denn hundert Stück Kanonen bestand, fiel in die Hände der Russen. Gutschubet und Jskra wurden für unschuldig erklärt,

man

man veranstaltete einen prächtigen Leichenzug, und stellte ihre Ehre wieder her. Auch ersuchte Menzikof den Zaar, den ehemaligen Obristen Paley, dem die Intriguen des Mazeppa die Verweisung nach Sibirien zugezogen hatten, zurück zu rufen, und machte zu Gluchof Anstalten zur Wahl eines neuen Attaman. Dies war Johann Eliewitsch-Scoropatzki, Obrist von Starodup, der von dem Fürst Menzikof im Namen des Zaars den Kommandostab mit den übrigen Zeichen seiner Würde erhielt.

Mit diesem Verfahren des Menzikof war der Zaar so zufrieden, daß er ihm die Stadt Baturin für ihn und seine Nachkommen mit dem Titel eines Attaman geben wollte; aber dieser Fürst hatte ganz andere Pläne. Er dankte daher seinem Herrn für diese Gnade, und entschuldigte sich unter dem Vorwande, daß man dadurch nur die Flamme des Krieges unter den Kasaken von neuem anblasen würde. Peter, den diese scheinbare Uneigennützigkeit bezauberte, antwortete dem Generale: Nun gut, da ihr den Titel eines Attaman ausschlagt, so soll keiner meiner Nachfolger ihn nach Scoropatzki's Tode jemanden ertheilen; und er soll auf immer vertilgt werden. Aber Peter änderte seine Meinung nach der Unterredung mit Polubatok, dem Obristen von Zernigof und Vice-Attaman.

Der Streich, den Menzikof durch die Eroberung Baturins Karln dem Zwölften und Mazeppa'n versetzt hatte, war die Quelle des Unglücks dieses Regenten. Karl mußte in das Fort, wo er den Winter zubringen wollte, durch den schwarzen Wald marschiren. Hier fehlte es ihm oft an Lebensmitteln, und nach einem Gerüchte der damaligen Zeit raffte die außerordentliche Kälte einer einzigen Nacht an dreitausend hin. Mitten in diesem Elende und ungeachtet der durch den damaligen harten Winter, der schon in den temperirten Ländern fast unausstehlich war, veranlaßten Krankheiten, war Karl der Zwölfte in seiner Kanzlei mit Manifesten beschäftigt.

Der Zaar hatte das Kommando seiner ganzen Armee dem Fürsten Menzikof und dem Feldmarschall Scheremetoff übergeben; er selbst aber reisete nach Woronesch, um daselbst seine kleine Flotte zu besehen. Sobald es wahrscheinlich wurde, daß es, wie er wünschte, Friede werden würde, ließ er Menzikof zu sich kommen.

Der König von Schweden hatte letztern durch den Generalauditeur seiner Armee um Medizinalwaaren und geistige Getränke bitten lassen, und erhielt sie auch mit Bewilligung des Zaars unentgeldlich. Aber alle diese schöne Aussichten zum Frieden verschwanden wieder. Dem ungeachtet beschäftigte sich Peter nur damit, seine Schiffe manövriren zu sehen. Der Fürst Menzikof hatte den Muth, ihm zu sagen: er wundere sich sehr darüber, daß ein Regent sich mit Kleinigkeiten beschäftige, da Hannibal vor den Thoren sey, und daß seine Gegenwart an der Spitze seiner Armee durchaus nöthig wäre. Aber der Zaar antwortete, daß keine Gefahr dabey wäre, und ging mit seiner neuen Flotte ruhig den Don, von Ustiug nach Azof, hinab. Menzikof reisete noch allein ab. Vor seiner Rückkehr zur Armee hatte sich ein sehr beträchtliches Korps von Schweden des kleinen Flecken Weprik, zehn Werste von Stadiatsche, bemächtigt. Die Kasaken dieses Fleckens, deren Anzahl sich auf einige Hunderte belief, war dem Zaar treu geblieben. Da diese erfuhren, daß

die

die Schweden unter dem Kommando des Feldmarschalls Renschild näher rückten, machten sie eilig eine Art von Verschanzung von einer ganz neuen Erfindung. Mitten unter einer großen Menge von Brettern befestigten sie Stücken von Holz in Form von Schaufeln, womit sie den Flecken umringten; in diese thaten sie ihre Kessel mit Hirsen, Wasser und Holz; die Weiber und Kinder kochten diesen Hirse, während dem die Männer ihnen mit Keulen, Sicheln und andern ähnlichen Waffen entgegen zogen. Die Schweden, die mit dieser Handvoll Leute geschwind fertig zu werden hofften, wurden mit Sichelhieben und Keulenschlägen empfangen, und hatten von dem Hirse und dem siedenden Wasser, welches sie ihnen entgegen warfen, viel zu leiden.

Die Kasaken vertheidigten sich auf diese Art fast im Angesichte der rußischen Armee, die nur drei Stunden davon entfernt war, so lange ihr Wasser und ihr Hirse dauerte. Endlich nahmen die Schweden den Flecken ein, und hieben, nachdem sie eine Menge Offiziere und mehr als sechshundert Soldaten verlohren hatten, alles in Stücken. Bei dieser Gelegenheit wurde der Generalfeldmarschall Renschild zum erstenmale verwundet.

Während die Schweden ihre Zeit vor Weprik hinbrachten, schickte Menzikof ein Korps Russen, um Oposchna anzugreifen. Sie eroberten diesen Platz, und machten die schwedische Besatzung zu Gefangenen.

Von da marschirten die Generale Heinzke und Jacobleff nach Stara-Czenscharii, eroberten diese Stadt mit Sturm und machten viel Schweden und rebellische Kasaken zu Gefangenen.

Hier-

Hierauf ließ Menzikof die allgemeine Amnestie publiciren, welche der Zaar allen denjenigen Kasaken bewilligte, die sich ihm wieder unterwerfen wollten: da er aber sahe, daß dieser Generalpardon den gehofften Zweck nicht erreichte, so schickte er den Generalmajor Jacobleff gegen die zu Stescha hinter Perewoloschna auf einer kleinen Insel des Dnepts versammleten Kasaken. Er schlug sie völlig und behandelte sie mit einer unerhörten Grausamkeit, ließ einige henken und andere auf die grausamste Weise hinrichten.

Im Mai begab sich der Zaar zu seiner Armee, wo er, nachdem er sich von allem, was während seiner Abwesenheit geschehen war, hatte unterrichten lassen, einen Kriegsrath hielt. Fürst Menzikof behauptete, daß man, da man die schlimme Lage der schwedischen Armee kenne, alles anwenden müsse, um die Stadt Pultawa, wo die Feinde Kriegs- und Mundbedürfnisse zu sammeln, und alles zu einer entscheidenden Schlacht vorzubereiten suchten, in Sicherheit zu setzen. Dieser Rath des Fürsten Menzikof wurde als der beste befunden, und Peter der Erste befahl ihm, diesen Plan auszuführen.

Zufolge dessen gab er seinem Stiefbruder, dem Brigadier, Graf Alexi Alexandrowitsch-Gollowin, Befehl, sich mit tausend Mann in die Stadt Pultawa zu werfen, um die Einfuhr der Munitionen zu erleichtern, welches auch der Graf in der Nacht mit Unterstützung des beständigen Feuers der rußischen Artillerie ausführte.

Pultawa, welches nach der Beschaffenheit der Festungswerke dieses Landes, ziemlich gut befestigt war, und zwischen den Flüssen Psol und Borskla liegt,

liegt, war für die Schweden vorzüglich deswegen wichtig, weil sie sich, im Fall eines unglücklichen Ausgangs, dahin retiriren konnten. Der Anfang des Angriffs wurde im April gemacht, misglückte aber aus Mangel an Artillerie. Jetzt wurde Karl der Zwölfte gewahr, daß er darinn einen Fehler gemacht hätte, daß er die Stadt Baturin, worinn er alle Bedürfnisse gefunden haben würde, durch die Russen hatte weanehmen lassen. Menzikof schickte den Generalmajor Allard dahin, um eine zur Erhaltung der Stadt hinlängliche Verstärkung hineinzubringen. In dieser Absicht gingen die Russen über den Fluß Vorskla in dem Augenblicke, da der König von Schweden, der die Schlacht schon den 24sten Jun. zu liefern gedachte, rekognosciren wollte; aber eine Blessur am linken Fuße nöthigte ihn, diese berühmte Schlacht, welche für die Schweden so nachtheilige Folgen hatte, bis auf den 27sten Jun. 1709 zu verschieben. Beim Anfange der Schlacht munterte der Fürst Menzikof die Soldaten von jedem Regimente auf, als wahre Söhne des Vaterlandes zu fechten, und stellte ihnen vor, daß, wenn sie nicht diesen Augenblick benutzen wollten, ihre Kinder, Güter und Ländereien ein unausbleiblicher Raub der Feinde werden müßten. Hierauf stellte er sich mit den Generalen Allard und Renzel an die Spitze des linken Flügels; der Feldmarschall Scheremetof kommandirte den linken. Zaar Peter aber behielt sich das Korps de Bataille vor, und der Feldzeugmeister Brusse kommandirte die Artillerie. Der Feind fiel die rußische Armee mit einer Wuth an, wovon man vielleicht kein Beispiel hat: da diese aber von ihrem Monarchen unterstützt wurde, der mehrere male sein Leben in dieser Schlacht wagte, so schlug sie die Schweden zurück und erhielt

nach

nach einem langen und blutigen Gefechte einen volkommenen Sieg. — Da man übrigens von dieser Schlacht so viele Erzählungen hat, daß man einer umständlichen Nachricht davon entübrigt seyn kann, so wollen wir hier blos einige Bemerkungen der erfahrendsten schwedischen Generale, die von den Russen zu Gefangenen gemacht wurden, beyfügen. Nach dem Geständnisse dieser erlauchten Gefangenen giengen die Schweden in dieser merkwürdigen Schlacht folgende Hauptfehler:

1) Die Schweden warfen sich mit so viel Ungestüm auf die Russen, daß die schwedische Infanterie den Angriff anfieng, ehe noch die Kavallerie auf den beiden Flügeln sich in Schlachtordnung gestellt hatte, so, daß sie leicht in Unordnung gebracht und überwunden wurden, ob sie gleich das Centrum des Feindes zum Weichen gebracht hatten. Dieser große Fehler veranlaßte viele Streitigkeiten unter den gefangenen Generalen, den sie sich wechselsweise einander vorwarfen.

2) Die Schweden kannten die Stellung des Feindes nicht hinlänglich, daher stießen sie auf seine Redouten, die sie leicht vermeiden konnten.

3) Da die Glieder einmal brachen, und die Schlachtordnung zerstöhrt war: so sah man nicht darauf, ob alle Truppen folgten. Dadurch wurde der Generalmajor Rosen, der die rußische Kavallerie mit mehrern Bataillons hitzig verfolgte, von der übrigen schwedischen Armee durch den General Renzel getrennt, der ihn nöthigte, sich gefangen zu geben.

4) Beim letzten Angriffe nahm man sich nicht die Zeit, die Truppen zu stellen. Die, welche ihre Fehler bemänteln wollten, schoben die Schuld auf das Terrain; aber das Terrain war bekanntlich weitläuf-

lustig genug, und die Schuld fällt allein auf den zu weit getriebenen Eifer der Schweden, und die Nachläßigkeit ihrer Generale.

Nach diesem Siege gab der Zaar dem Fürsten Menzikof, dem während der Schlacht zwei Pferde unter dem Leibe todtgeschossen wurden, den Titel Generalfeldmarschall. Der Fürst ersuchte den Zaar um seinen von Kugeln durchlöcherten Hut, als um ein Denkmaal der Tapferkeit, wovon er bei dieser Gelegenheit Beweise abgelegt hatte *). Der Zaar ward von den Generalen zum Kontreadmiral und Generallieutenant gemacht.

Anfänglich freuten sich die Russen sehr, weil sie den König selbst unter ihren Gefangenen zu haben glaubten. Wirklich hatten sie einen Deutschen, Namens Menius, Dragonerkapitain, gefangen genommen, der ihm sehr ähnlich war. Sie erzeigten ihm viel Höflichkeiten, und behandelten ihn mit ausgezeichneter

Ach=

---

*) Dieser Hut befindet sich noch in einem Zimmer des Gebäudes der Akademie der Wissenschaften zu St. Petersburg, wo man die Statue Peters des Ersten in Leibesgröße von Wachs mit dem von seiner Gemahlinn Katharina gestickten Staatskleide auf Stuffe und unter einem Baldachine sieht. Zur Rechten und Linken sind kleine Kabinette, wo man alles, was Peter der Erste trug, Uniformen, Degen, Spontens, sogar zerrissene und verschiedene male von ihm selbst gestickte Strümpfe, sogar Schuh und Pantoffeln, die er sich machte, und alles, was er in der Schlacht bei Pultawa auf seinem Leibe trug, nebst verschiedenen andern Curiositäten aufbewahrt. Auch sieht man hier die Bildnisse seines Sohns und seiner Gemahlinn, und seiner ganzen Familie seit Zaar Johann Wasilowitsch.

Achtung, schickten ihn aber, da' sie ihren Irrthum erkannt hatten, mit den andern Schweden nach Sibirien.

Die vornehmsten schwedischen Gefangenen waren der Premierminister und Senator, Graf von Piper, nebst dem königl. Sekretär Cederhielm, dem Sekretär Duben und zwei Kopisten *). Aber man erhielt auch nicht ein einziges Memoire, oder einen Brief aus der schwedischen Kanzlei, weil die Bagage mit der Kanzlei fast eine Stunde vom Schlachtfelde, am Dnepr war. Alles, was der König nicht mitzunehmen für gut fand, wurde verbrannt. Der Kanzleirath und Staatssekretär Hermelin befand sich nicht unter den Gefangenen, ob er gleich von den Russen aufgeschrieben worden war; und da man ihn unter den Todten suchte, waren die Leichen von der Sonne schon so sehr aufgetrieben, daß sie nicht mehr zu erkennen waren **).

Unter

*) Diese würden den Russen und der schändlichen Gefangenschaft in Schlüsselburg entgangen seyn, worinn der Stolz des Fürsten Menzikof sie, so zu sagen, verhungern ließ, wenn nicht der schwedische Major, der sie in die Kanzlei führen sollte, statt sie an den Dnepr zu bringen, nach Pultawa gebracht hätte, wo er von den Russen umringt wurde. Der Königl. Sekretair Cederhielm wäre fast von einem herbeieilenden rußischen Dragoner ermordet worden, der in der Besoffenheit schwur, daß er sie tödten müsse, wenn er nicht dem Hiebe so geschickt ausgewichen wäre, daß er mit einer leichten Wunde davon kam.

**) Dieses Faktum, welches der Verfasser schon in seinen nordischen Nebenstunden, bei Gelegenheit einer Schrift dieses Hermelin über den Ursprung der Liefländer, behauptet hatte, nachher aber bestritten worden war, bleibt

Unter den Generalen befand sich der Generalfeldmarschall Renschild, die Generalmajors von
Schlippenbach, Rosende, Stakelberg, Hamilton, die
Obersten Von-Storn, Appelgreen, und der Prinz Ma-
ximilian Immanuel von Würtemberg. Letzterer wurde
in einem kleinen Dorfe, wo er mit seinem Regimente
durchmarschiren wollte, zum Gefangenen gemacht.
Dieser brave und allgemein geschätzte Prinz diente seit
sechs Jahren als Volontair bei der schwedischen Armee. Er hatte verschiedene Wunden, und fiel daher
in eine heftige Krankheit. Fürst Menzikof schickte
ihn nach Kiow, und gab ihm den General Renne,
der auch verwundet war, als Gesellschafter und einen
englischen Arzt, Namens Fraser mit. Aber aller ange-
wandten Mittel ungeachtet starb er zu Dubno im J.
1710. Sein Leichnam wurde auf Befehl des Zaars
seiner Familie nach Stuttgard zugeschickt.

Die vorzüglichsten Oberstlieutenants waren von
Saß, Friedrich, Adolph Pelm, Heinrich Rebinder, Julius Mode, Wrangel, Spens. Alle diese Gefangene
wurden vom Fürsten Menzikof und Zaar empfangen,
den Grafen Piper ausgenommen, von welchem Menzikof glaubte, daß er den König davon abgerathen
hätte, Friede mit den Rußen zu machen, und Urheber von Pattkuls Hinrichtung wäre. Aber darinn
irrte sich Menzikof. Zwar kam ein Expresser mit einem Briefe an den Grafen Piper zur schwedischen
Armee, wurde aber unverrichteter Sache wieder zurück geschickt, weil der königliche Generaladjutant Lagerkron eben keinen vernünftigen Rapport abgestattet
hatte. Was Pattkuls Hinrichtung betrifft: so wurde
sein Prozeß von dem schwedischen Reichskanzler, dem

also gewiß, und der Verf. erbietet sich, jedem die Beweise
davon zu zeigen. *Anmerk. d. Uebers.*

Baron Johann Bergenhielm eingeleitet, und die Sentenz wurde 1694 von einer Kommißion von Senatoren gesprochen. Der Graf von Piper hatte keinen unmittelbaren Antheil an seiner Verurtheilung, insgeheim aber that er alles mögliche, ihn zu verderben *). Die Saporoger Kasaken veranlaßten nach der

*) Ich muß hier eine sonderbare, wenig bekannte Anekdote erzählen. Im Jahre 1697, den 5ten April starb Karl der Eilfte, König von Schweden, und hinterließ zu seinem Nachfolger Karl den Zwölften, der damals eilf Jahr alt war. Nach den Reichsgrundgesetzen, und nach dem Testamente des Vaters, sollte er im siebzehnten Jahre majorenn erklärt werden, und seine Großmutter, Hedwig Eleonore, Prinzeßinn von Holstein sollte seine Vormünderinn seyn. Da aber der junge König viel Fähigkeit und Klugheit zeigte, so fanden die Senatoren und vorzüglich der Graf Piper, für gut, ihn sogleich für majorenn zu erklären. Alle willigten darein, den Boethius, Bißchoff von Dalekarlien ausgenommen, der sich nicht damit begnügte, seine Meinung mündlich zu sagen, sondern auch eine weitläuftige Deduktion ausfertigte, worinn er die Ungerechtigkeit dieses Vorschlags nach göttlichen und menschlichen Gesetzen bewieß. Jedermann suchte den Boethius zu gewinnen, er blieb aber fest und unerschütterlich. Die Senatoren, die dadurch in keine geringe Verlegenheit geriethen, beschlossen, ihn insgeheim einsperren zu lassen. Um jedoch seine Kirchkinder, die man als ein tapferes Volk fürchtete, nicht zu ärgern, so ernannte man bei seiner Ankunft zu Stockholm eine Komittee, um ihm den Prozeß zu machen. Der Fiskal-Prokurator, den der Graf Piper gewonnen hatte, klagte ihn als einen Majestätsschänder an, und beschloß, ihn seiner Ehre, seiner Güter und seines Lebens zu berauben. Nachdem er aber diese Sentenz dem Boethius in voller Rathsversammlung vorgelesen hatte, so sprach dieser mit einer solchen Freymüthigkeit, daß Piper selbst sich fürchtete, die Sentenz vollziehen zu lassen. Um sich kein De-

der Schlacht bei beiden Theilen ein Gelächter. Denn da sie sich nicht alle mit dem Könige und Mazeppa retten konnten, suchten sie sich zu maskiren. Sie ents

menti zu geben, sprengte man das Gerücht aus: er hege heterodoxe Religionsgrundsätze, mißhandle den König und sein Ansehen in allen seinen Schriften, ließ endlich in seiner Gegenwart sogar eine Logik, die er noch als Professor zu Upsala geschrieben hatte, durch Henkers Hand verbrennen, und brachte ihn dann nach Schlüsselburg, in eine ewige Gefangenschaft. Als man ihn hier in das für ihn bestimmte Zimmer führte, soll er mit großen Buchstaben an die Wand geschrieben haben, daß Graf Piper bald an seine Stelle kommen würde. Einige Zeit nach seiner Einkerkerung erflehte die Frau des Boethius von dem Könige die Freilassung desselben, und erlangte sie: aber Boethius schrieb aus seinem Gefängnisse zurück, daß weder König, noch Weib, noch sonst etwas auf der Welt ihn aus dem Gefängnisse bringen würde, wenn er nicht gehört und förmlich nach den Gesetzen gerichtet würde. — Da Zaar Peter der Erste sich im Jahr 1702 der Festung Schlüsselburg bemächtigte, wurde dieser Boethius ihm und seinen Generalen vorgeführt, erzählte ihm sein Unglück, und vergaß dabei nicht, daß Graf Piper an seine Stelle kommen würde. Peter ließ ihm einen Paß ausfertigen und schickte ihn nach Schweden zurück. — Bei seiner Ankunft in Stockholm zeigte er sich dem Senate, und verlangte, daß man ihm ein anderes Gefängniß anweisen möchte. Auch hatte die verwittwete Königin, Ulrika Eleonora, ob er gleich unterdessen alt geworden war, alle mögliche Mühe, ihn zu überreden, ein kleines Landgut als ein Geschenk ihrer Hand anzunehmen, wo er sein übriges Leben zubringen könnte. Aber in dem Augenblicke, da Karl der Zwölfte durch Vermittelung des Kaisers einen günstigen Frieden mit Peter dem Ersten erhalten sollte, und erschossen wurde, so schrieb Boethius und mehrere andere von neuem sehr heftig gegen ihn.

entkleideten die schwedischen Leichen, und bedeckten ihren Leib, statt der Häute, die sie wegwarfen, mit ihren Kleidern, und ihren kahlen Kopf mit Perücken.

Da die Russen erst spät gegen Abend einige Soldaten zum Nachsetzen schickten, so erreichte der König von Schweden langsam die Gränzen mit einer wahrhaft heroischen Standhaftigkeit, die von allen, welche ihn begleiteten, bewundert wurde. Unterwegens sagte der Generalmajor und königliche Generaladjutant Lagerkron, der nach der Erzählung aller gefangenen Generale, durch seine Schmeicheleien die Hauptursache des Unglücks des Königs war, zu ihm: Sire, man kann nicht behaupten, daß wir die Schlacht verlohren haben, da wir uns zurück ziehen, ohne daß die Feinde uns nachzusetzen wagen. Der König antwortete ihm: Mein lieber Lagerkron! Schweigt, jetzt wollen wir nicht darüber disputiren. Karl der Zwölfte schickte hierauf den General Meyerfeldt *) zu den Russen, um auf die von dem Zaar vorgeschlagene Bedingungen Friede zu machen, erhielt aber die Antwort, daß sich die Umstände geändert hätten, und daß der Zaar nicht Friede machen würde, wenn man

---

Die Prophezeiung des Boethius ward endlich erfüllt. Piper wurde auf Befehl des Zaars nach Schlüsselburg gebracht, wo er in eben dem Zimmer, worin Boethius gesessen hatte, vor Kummer und Gram starb.

*) Wir bemerken hierbei, daß der General Meyerfeldt in dem Lager der Russen ohne Paß, ohne Trompeter, und ohne Briefe ankam. Der Zaar und Menzikof, die sich in den Augen Karls des Zwölften als edel und großmüthig zeigen wollten, gaben seinem Gesandten Audienz, und ließen ihn bis an die Grenzen begleiten.

man ihm nicht Wiburg und Reval abträte. Da der General zu verstehen gab, daß der König noch funfzehntausend Mann bei sich hätte: so stellte sich der Fürst Menzikof sogleich an die Spitze von siebenhundert Mann, um zu denjenigen, die schon zum Nachsetzen ausgeschickt waren, zu stoßen. Bei seiner Ankunft in Perewoloczna am Dnepr begegnete er dem Grafen Löwenhaupt, an der Spitze von funfzehntausend Schweden, die ohne den geringsten Widerstand die Waffen niederlegten, und sich zu Gefangenen ergaben. Unter diesen Truppen befanden sich viele Saporoger Kasaken. Nachdem die Kapitulation gemacht war, ließ Menzikof seine Truppen über den Dnepr gehen, um dem Feinde bis an die Gegend von Otschakow nachzusetzen, und kam nach wenigen Tagen mit verschiedenen Gefangenen zurück.

Da der Fürst Menzikof nach seiner Rückkehr mit dieser Aktion prahlte, sagte ihm Schafirof öffentlich: Nicht Ihrer Tapferkeit, sondern dem General Meyerfeldt haben Sie dies zu verdanken; ohne ihn hätten Sie es müssen dabei bewenden lassen, eine kleine Anzahl von Soldaten zum Nachsetzen abzuschicken, und die funfzehntausend Mann würden uns noch viel Mühe gemacht haben.

Unter den Offizieren dieses Korps befanden sich auch die englischen und preußischen Residenten, Jefferies und Zittmann, welche die schwedische Armee, ersterer als Obristlieutenant, der andere als Kapitain begleiteten, weil Karl der Zwölfte keine fremde Gesandte unter diesem Namen in seinem Gefolge haben wollte. Diese wurden, sobald sie sich zu erkennen gegeben hatten, in Freiheit gesetzt; man gab ihnen ihre Leute wieder, und zwei schwedische Offiziere wurden sogar auf das Ersuchen derselben freigelassen.

So weit die Erzählung von den Begebenheiten nach der Schlacht bei Pultawa und von den Folgen der Empörung der Saporoger Kasaken.

Nach dieser berühmten Schlacht zogen sich die übrigen Saporoger Kasaken, die es mit dem Könige von Schweden hielten, an der Zahl zwei bis dreitausend Mann nach Bender zurück, wo sie sich dem Tatarchan unterwarfen, der ihnen zwei Kommandostäbe schenkte, und bauten sich mit Erlaubniß des Chans bei dem Flusse Kamenka an, zogen sich aber nachher, da sie von den Russen beunruhigt wurden, zurück, und ließen sich bei dem kleinen Flecken Aleschki am Dnepr auf der krimmischen Seite nieder.

Ob sie gleich nun Unterthanen des Tatarchans waren, so fuhren sie doch fort, sich nach ihrer Art zu regieren, und ihre Oberhäupter zu haben. Sie stunden unmittelbar unter Mazeppa'n, der mit einigen Kasaken bei dem Könige von Schweden in Bender geblieben war. Da aber Mazeppa kurz darauf starb, so ernannte der Sultan auf Ersuchen des Königs von Schweden, der noch in der Türkei war, an die Stelle desselben seinen ersten Sekretair Orlik, dem er alle Ehrenzeichen eines Attamans ertheilte. Dieser neue Attaman blieb auch zu Bender, ward nachher Muselmann und heurathete eine Türkin, mit der er mehrere Kinder zeugte.

Zu der Zeit, da die Kasaken unter der Herrschaft der Tatarn standen, gab man ihnen Anfangs zu ihrem Unterhalte Geld und Lebensmittel; da aber diese Kosten zu hoch stiegen, so kam man dahin überein, daß der Chan den Kasaken nichts mehr geben,

und

und sie ihm keinen Tribut \*) mehr zahlen sollten; man überließ ihnen die Einnahme der Abgaben von der Hutung und dem Transport über den Dnepr und Bog. Diese Passagen waren bei Kudak, Mikitin, Kamenka, wo ihre Setsche gewesen war, und bei Kisikermen, und wurden von den Kaufleuten und den Einwohnern der Ukraine, die des Handels wegen in die Krimm giengen, und von den Tatarn, die hier ihre Provisionen holten, besucht. Am häufigsten geschah dies in der Gegend von Bog bis an den Merdva Woda, welches der Weg war, den die Kaufleute aus Polen, der Ukraine und den benachbarten Ländern nach Otschakow nahmen. Die Kasaken hatten auch die Erlaubniß, von allem dem, was in Otschakow eingeführt wurde,

---

\*) Bekanntlich müssen alle die, welche unter den Türken und Tatarn leben, einen jährlichen Tribut für ihr Leben bezahlen. Dieser gründet sich auf den Traktat, den Mahomet im eilften Jahre der Hedschra mit den arabischen Völkern machte, die seine Religion nicht annehmen wollten. Da er die Schwierigkeiten überlegte, die Menschen seinem Gesetze durch die Waffen zu unterwerfen, und den Schaden, der dadurch dem menschlichen Geiste und seinem Ruhme zuwachsen würde; so machte er einen Accord mit diesen Ungläubigen, wodurch er ihnen das Leben, die Freiheit, und alle Art von Schutz nebst dem Genusse der Vortheile der bürgerlichen Gesellschaft unter der Bedingung eines jährlichen Kopfgeldes versprach. Die Mahometaner selbst behaupten, daß dieser Traktat von Mahomet und seinem Schwiegersohne, seiner Tochter und ihren Kindern Hassan und Hossein sowohl für sie als ihre Nachkommen gemacht, und unterzeichnet worden sey. Die, welche diesen Tribut erheben, geben jedem, der ihn erlegt, einen Schlag mit der flachen Hand. Dies, sagen sie, geschieht statt des tödtlichen Schlags, den er zur Strafe seines Unglaubens erhalten sollte, und um ihn durch diese entehrende Zeremonie zu bewegen, eine Religion zu

wurde, *) vorzüglich von jedem Wagen und jedem Thiere, Abgaben zu fordern. Diese Einkünfte waren zur Unterhaltung der Soldaten und ihrer Offiziere bestimmt. Auch hatten sie das Recht, in ihren Seen Salz zu holen, wofür sie die Hälfte weniger als die Einwohner der Ukraine und andere Unterthanen zu entrichten hatten. Demungeachtet wurden die Kasaken durch diese Freiheiten nicht zufrieden gestellt, sondern thaten vielmehr verschiedene Forderungen; verlangten ungeheure und übertriebene Rechte in Absicht der Ueberfuhr über die Flüsse, selbst gegen andere Kasaken der Ukraine, die sie schlechtweg Saporozen nannten. Zufolge dieser Forderungen unterwarfen die Tatarn der Krimm ihre Kasaken eben den Abgaben, welche die andern Unterthanen bezahlten, und es ward sogar den neuen Kasaken verboten, in der Krimm und in Otschakow Handel zu treiben. Nur erlaubte man ihnen aus besonderer Gnade, Waaren daselbst zu kaufen, um sie in ihrer Setsche an die Ein-

verlassen, die ihm so viel Schmach und Schande zuzieht. Eben diesen Tribut hätten auch die Saporozer Kasaken bezahlen sollen, da sie sich dem Chan der Krimm unterwarfen; aber man erließ ihnen denselben um sie dem Chane geneigter zu machen.

*) S. die i. J. 1137. der Hedschra oder 1724 nach christlicher Zeitrechnung zu Konstantinopel gedruckte Karte. Der Dnepr heißt hier Ozizuju, oder der Fluß Ozi; daher kommt der slavische Name Otschakow, welches man auf eben dieser Karte Kaaleh-Ozi oder die Festung Ozi nennt. Strikowsky, ein polnischer Schriftsteller, sagt, dieser Name komme von den Polowziens oder Uzes, die im Jahr 1103 in dieser Gegend wohnten, und die Städte Slutem vier Tagereisen von den Wasserfällen des Dneprs, Rukom am Don, Suchorov und Azov in Besitz hatten.

Einwohner der Krimm, die Griechen und Juden, die wieder in ihre Setsche allerlei Waaren brachten, zu verkaufen. Nach und nach vermehrte sich ihre Anzahl; sie hatten ihren Hauptwohnplatz in den beiden Setschen von Kamenka und Oleschki, und in der Wüste. Ihre Sommer- und Winterhütten erstreckten sich von der Gegend von Otschakow und Perewoloschma bis an dem Bog. Diejenigen, welche die Wüsten bewohneten, beschäftigten sich mit der Fischerei und der Jagd, hatten aber auf der krimmischen Seite weder Sommer- noch Winterhütten, weil sie dort gar nicht fischen, und nur selten jagen durften.

Nach diesem Vertrage hatten sich die Kasaken verpflichtet, den Chan bis Sulak zu begleiten, so oft er die Cirkaßier bekriegen würde, und wenigstens zweitausend Mann zu liefern, die von ihren eigenen Chefs oder Koschevois kommandirt werden sollten. Ueberdies mußten sie in Friedenszeiten aus ihrer Setsche in der Krimm, wenigstens dreizehn hundert Mann zur Wiederherstellung der Linien von Perecop unentgeldlich schicken.

Während dem die dem Chane unterworfene Kasaken, einige Tausende an der Zahl, ausgezogen waren, um die Circaßier zu bekriegen, so versammelten sich die Kasaken, die unter Rußlands Schutze standen, und deren Hauptwohnplatz am Flusse Samara war, in großer Anzahl, um ihre Setschen bei dem Flecken Aleschki anzugreifen und zu zerstöhren; eine Unternehmung, die ihnen so sehr gelang, daß sie alles von Grund aus ruinirten, alles, was ihnen vorkam, tödteten, und alle Reichthümer mit wegnahmen. Da der Koschevoi nach seiner Rückkehr die Setsche zerstöhrt fand, zog er in die Gegend, die sie
ehe-

ehedem am Kamenka besessen hatten, und von der wir bereits geredet haben, jedoch mit dem Entschluß, diese grausame Schmach zu rächen. Die Kasaken von Kamenka fielen mit vereinigten Kräften in die Besitzungen ihrer Feinde mit einer Beispiellosen Wuth, zerstörten ihre Hütten, tödteten einen großen Theil der Einwohner, und ließen die andern henken oder auf andere Art hinrichten.

Bei diesen Einfällen litten nicht allein die russischen Kasaken; öfters griffen auch die Flüchtlinge nach ihrer alten Gewohnheit die Tatarn selbst an, raubten ihnen ihre Pferde, Ochsen, Schaafe ꝛc. und prügelten sie, wenn sie nicht Beute genug fanden, zu Tode. Um diesen Streifereien Einhalt zu thun, ließ der Chan der Krimm die genauesten Untersuchungen anstellen. Die Kasaken, die ihn angestiftet hatten, mußten denjenigen, welche sie beraubt hatten, eine große Summe Geldes zahlen, welche den Werth des Raubs immer überstieg, und so viel lebendige Menschen ausliefern, als sie Tatarn getödtet hatten. Ein des Raubes überwiesener Kasake, der die bestimmte Summe nicht bezahlen konnte, wurde den Tatarn zur lebenslänglichen Sklaverei ausgeliefert. Aber die Tatarn trieben oft das Gewerbe derjenigen, die sie deshalb gestraft hatten; und wurden dann von den Kasaken eben so gestraft oder gegen Sklaven ihrer Nation ausgeliefert.

Der größte Verdruß, den man den Kasaken anthat, war die ihnen aufgelegte Verbindlichkeit, jeden christlichen Sklaven, der aus der Krimm entflöhe, auch dann, wenn sie von seiner Entweichung nichts wußten, zu bezahlen. Die Vornehmsten unter ihnen thaten zwar Gegenvorstellungen, aber man antwortete

tete ihnen, daß dies gar nicht unbillig sey, weil sie die Besetzung der Krimmischen Grenzen übernommen hätten.

Da die Kasaken sahen, daß sie die Tatarn nicht ungestraft beleidigen könnten, so fielen sie in Polen ein, und richteten abscheuliche Verheerungen an. Da sich aber die Polen darüber beim Chan bitter beklagten, so verbot dieser ihnen, ihre Streifereien fortzusetzen: aber seine Verbote waren eben nicht sehr wirksam, bis der Chan sie nöthigte, den Schaden, den die Polen durch sie erlitten hätten, zu bezahlen. Der Chan ließ sogar, da die Polen sich über einen auf achtzigtausend Rubel geschätzten Schaden beklagten, die nöthigen Untersuchungen anstellen, um die Wahrheit dieser Anklage zu bestätigen, und die Kasaken mußten diese Summe baar bezahlen. Man nöthigte sie sogar, um den beständigen Beschwerden Polens ein Ende zu machen, den Polen Kudak abzutreten, und es ward stipulirt, daß die Kasaken nicht mehr daselbst wohnen, noch Kolonien dahin schicken sollten, daß, wenn man ein Etablissement der Kasaken daselbst fände, es gänzlich zerstöret werden sollte. Doch ward diese Stadt ihren ehemaligen Besitzern wieder gegeben, da sie sich wieder unter rußischen Schutz begaben.

Seitdem die Saporoger Kasaken dem Chan der Krimm unterthan waren, bekannten sie sich zur griechischen Religion, wobei sie denn auch bis zu ihrer Austilgung blieben. In ihrem Gebete flehten sie immer zu Gott um Erhaltung der Gesundheit der Zaars, die sich zur christlichen Religion bekennen. Ihre Geistlichkeit bestand aus einem Archimandriten, den ihnen der griechische Patriarch schickte, aus Priestern

stern und Diakonen, die aus Griechenland, Polen und verschiedenen Orten der Ukraine kamen.

Demungeachtet schien den Kasaken ihr Leben unter der Herrschaft des Chans von der Krimm sehr unglücklich. Man hatte ihnen die Freiheit geraubt, die sie so eifrig vertheidigt hatten, hatte ihnen bei ihrer Unterwerfung ihre Artillerie genommen, und ihnen ausdrücklich verboten, weder in ihrer Setsche noch in der umliegenden Gegend irgend eine Art von Festungswerken anzulegen. Auch verbot man ihnen Streifereien nach Rußland zu thun, um ihnen alle Verbindung mit den Unterthanen dieses Reichs abzuschneiden: aber dieses Verbot war fast unnöthig. Wirklich hatte Rußland auf die Kasaken seit ihrer Empörung immer ein wachsames Auge, und hatte längst den Grenzen hin kleine Observationskorps gestellt, mit den strengsten Ordres, jeden Kasaken, den sie zum Gefangenen machen würden, auf der Stelle aufzuhängen.

Zu allen diesen Gründen zum Mißvergnügen kamen noch andere. Der Chan schickte oft Mursen und andere tatarische Fürsten in die Setsche, entweder um sie zu untersuchen, oder über die Truppen Revüe zu halten, oder irgend einer andern Ursache wegen. Diese Deputirten hatten wenigstens zweihundert Personen zu ihrem Gefolge, die doch mit Achtung empfangen, und bei ihrer Abreise beschenkt werden mußten. Aufgebracht über so viel Bedrückungen, die ihnen um so härter schienen, da sie sie oft mit der in Rußland bewilligten Freiheit verglichen, so entschlossen sie sich endlich, sich wieder den Zaars zu unterwerfen.

Da

Da sie aber eben diesen Plan ausführen wollten, entdeckten einige Schiffer an den Ufern des Dnepers eine in die Erde gegrabene Kanone bei dem kleinen Flecken Karaiheben. Diese meldeten es dem Koschevoi, der sich sogleich mit einigen Kasaken dahin begab. Man grub die Kanone aus, und fand noch funfzig andere. Sie zogen sie aus der Erde und verbargen sie sorgfältig in eine Winterhütte, damit die Tatarn sie nicht finden könnten, und bewahrten sie bis auf den Augenblick, da sie sich wieder der Herrschaft Rußlands unterwarfen.

Die Saporoger Kasaken, die endlich entschlossen waren, sich dem unerträglichen Joche der Tatarn zu entziehen, schickten an den rußischen Hof Briefe, die eben so submiß als rührend geschrieben waren, worin sie ihr Verbrechen anerkannten und um Verzeihung baten, mit dem Ersuchen sie wieder als treue Unterthanen der Ukraine anzusehen. Die Russen, die dies Anfangs nur für eine List hielten, wollten diese Bitten nicht anhören; da sie aber eifrig wiederholt wurden: so fiengen sie an, sie für aufrichtig zu halten. Die Kaiserinn Anna Iwanowna, die sich darüber freuete, ein christliches Volk von dem Joche der Ungläubigen zu befreien, nahm sie zur Gnade an, erneuerte ihre Privilegien, und so kamen die Kasaken von neuem unter die Herrschaft ihrer ehemaligen Herren.

## Neunter Abſchnitt.

### Seit Unterwerfung der Saporogiſchen Kaſaken bis zum Jahr 1775.

Da nach Auguſt des Zweiten Tode wegen der polniſchen Thronfolge große Unruhe im Reiche entſtanden, und Auguſt der Dritte endlich mit Hülfe einer rußiſchen Arme auf den Thron geſezt ward, baten die mißvergnügten Polen den Khan um Hülfe, und erſuchten ihn, daß er ihnen die Kaſaken zu Hülfe ſchicken möge.

Da dies gerade zu der Zeit geſchahe, als die Kaſakiſche Deputation ſich zu Petersburg befand, ward der Hof etwas unwillig, und ließ ihr zu wiſſen thun, daß, wenn die Kaſaken wieder zum Gehorſam zurück kehren wollten, ſo ſolle ihre Untreue vergeſſen, und ihnen erlaubt ſeyn, nach ihrer ehemaligen Verfaſſung zu leben. Die Kaſaken hielten Rath und beſchloſſen ſchriftlich ihr Verbrechen einzugeſtehen, und den Eid der Treue zu leiſten. Da die Abgeordneten wieder nach Petersburg zurück gekommen waren, verzieh die Kaiſerinn den Kaſaken, und ſchenkte ihnen ihre ehemaligen Gerechtigkeiten wieder. Die Deputirten begleitete ein rußiſcher Offizier zur Annahme des Eides, welcher mit den größten Ehrenbezeugungen empfangen wurde.

Nicht lange darauf erſchien eine türkiſche Geſandtſchaft mit großen Geldſummen und andern koſtbaren Geſchenken, welche unter die Kaſaken, um ſie

treu

Unter seiner Regierung versammleten sich im Jahre 1593 verschiedene Häupter der griechischen Kirche, der Metropolit von Kiow, Michael Rahosi, und mehrere andere Bischöfe zu Berest in Litthauen, wo sie sich mit der römischen Kirche vereinigten, und die Macht des Pabstes anerkannten.

An Skasolupps Stelle kam der edle Kosenskii, der sich eifrigst aber vergebens bemühte, die griechische Religion wieder herzustellen, weil die Polen, die er in dieser Absicht bekriegte, ihn noch in eben dem Jahre, da er erwählt worden war, hinrichten ließen.

Im Jahre 1594 wurde also ein neuer Attaman gewählt. Dies war Naliwoiko, der eben so, wie sein Vorfahrer dachte und handelte. Er setzte den Krieg gegen die Polen fort; er lieferte ihnen häufige Schlachten, in welchen er immer siegte. Er verwüstete die Städte Slyzk (in Litthauen) und Mohilew, und richtete vielen Schaden an; aber bald wendete sich das Glück auf die Seite seiner Feinde. Die Polen nahmen ihn im Jahre 1597 mit dem Obristen Loboda, und einem gewissen Mazeppa unweit Dubno, nahe bei dem kleinen Flecken Soloniza gefangen, und brachten alle drei nach Warschau, wo man sie in einem kupfernen Ochsen verbrannte.

Hierauf wählten die Kasaken den Peter Konaschewitsch Sagaidatschni, der den Türken die Stadt Caffa \*) wegnahm, die dortigen christlichen Sklaven,

die

---

\*) Die Stadt Caffa liegt in der Krimm am Golfo des schwarzen Meers, 45 Grade, 10 Minuten, der Breite.

die sich daselbst befanden, befreiete, und nach der gänzlichen Plünderung der Stadt, mit allen Reichthümern derselben zurückkam.

Unter Sie kam früh unter die Bothmäßigkeit der Tatarn; sie behielten sie aber nicht lange; denn im Jahre 1266 wurde sie ihnen von den Genuesern entrissen, die hier den Sitz ihres orientalischen Handels anlegten, wodurch die Stadt in kurzem eine der blühendsten in Asien wurde: Seitdem aber die Türken sie im Jahre 1474 eroberten, nachdem die Stadt Konstantinopel in ihre Hände gefallen war, hat die Stadt Caffa viel von ihrem Glanze verlohren. Doch ist sie noch immer die beste Stadt in der Krimm, ob sie gleich weiter keinen Handel hat, als den mit Sklaven, den die krimmischen und kubanischen Tataren, die Mingrelier, die Georgier und andere nomadische Völker aus den benachbarten Gegenden, in Menge hierher bringen, von wo sie in alle Staaten des ottomannischen Reichs und sogar nach Afrika verführt werden. Die Stadt hat jetzt ungefähr 6000 Feuerstellen; alles, was man hier Schönes von Gebäuden sieht, wurde zur Zeit der Genueser gebaut. Die Einwohner bestehen in Juden, Mingreliern, Christen, (Armeniern, Griechen und Römischkatholischen) und Türken; doch sind die Türken die zahlreichsten, und genießen völlige Religionsfreiheit. Die Römischkatholischen, die hier noch angetroffen werden, sind größtentheils Abkömmlinge der genuesischen Familien, die damals, da die Türken die Stadt eroberten, hier wohnten.

Ueber dem Thore der Stadt Caffa findet man folgende Aufschrift:

> Tempore magnifici Justini
> Babtißae Consulis MDDDDLXXIII.

welche es wahrscheinlich macht, daß dies Thor zur Zeit eines genuesischen Konsuls dieses Namens gebaut worden sey.

Unter Sigismunds Regierung führte Zolkievsky die ukrainischen Kasaken gegen die Türken, denen er am Flusse Zozora eine Schlacht lieferte. Hierbei befand sich Michael Chmelnitzki, der vorher Sekretär oder vielmehr Einnehmer bei einem Starosten, oder Aeltesten von Tschigirin, Namens Johann Danilowitsch gewesen war, als Sotnik oder Hauptmann, der darum merkwürdig ist, weil er der Vater des nachher berühmt gewordenen Sinovei Chmelnitzki war, den er sorgfältig erziehen und in mehrern Sprachen unterrichten ließ.

Um diese Zeit gelang es den Polen durch ihre Intriguen, den Cuschka zum Attaman der Saporoger Kasaken zu machen, der aber bald darauf starb. An seine Stelle kam, ebenfalls durch Vermittelung der Polen, Borodowka.

Sobald der türkische Kaiser Osman erfuhr, was für ein Mißverständniß zwischen den Polen und Kasaken herrschte, und wie sehr die ersten den letztern alle Gelegenheit zu entziehen suchten, sich hervorzuthun, so machte er sich dies zu Nutze, die Polen anzugreifen, die er besiegte. Michael Chmelnitzki blieb auf dem Schlachtfelde; sein Sohn aber wurde gefangen, und zwei Jahre nachher von einem Tatarn, Namens Jaris, gekauft und in die Tatarei geführt.

Im Jahre 1621 fand der nehmliche Sagaibatschni, den die Kasaken im Jahre 1597. zum Attaman gewählt, und die Intriguen der Polen genöthigt hatten, diese Macht ihren Kreaturen abzutreten, Mittel, den Attaman Borodowka zu ermorden, der mit den Polen, denen er seine Würde zu danken hatte, einverstanden war; und brachte, sobald er von neuem einmüthig gewählt war, ohne Zeitverlust sechstausend Kasaken von regulären Truppen zusammen, wie er den Polen versprochen hatte, (weil die Kasaken, die sie begleiteten, für bloße Bauern angesehen wurden) und stieß mit ihnen zu den gegen Chozim marschirenden Polen, um die Türken zu schlagen, die auch wirklich überwunden wurden.

Dieser Sagaidatschni, der zugleich Haupt des Klosters Kievo Bradskoi, d. h. der Brüderschaft zu Kiow, und Mitglied der dasigen Universität *) war, starb im Jahre 1622, und wurde in seinem Kloster begraben.

In eben dem Jahre kam Sinovei Chmelnitzki von den Tatarn zurück, wo er Sklave gewesen war. Seine Freiheit hatte er dem Könige von Polen zu danken, der ihn zum Offizier bei seiner Garde machte.

Auch ist dieses Jahr dadurch merkwürdig, daß Konstantini Iwanowitsch, Fürst Ostroschky sich im Senat über die schlechte Behandlungen, denen die Einwohner der Ukraine ausgesetzt wären, bitter beklagte, wobei er von denen, welche der König von Schweden in eben dieser Absicht geschickt hatte, und von dem königlichen Prinzen Wladislaw lebhaft unterstützt wurde. Aber diese Beschwerden waren dennoch vergebens. Die polnischen Herren verdoppelten die Auflagen auf die verschiedenen Waaren unter den Kasaken,

---

*) Diese Universität, die bis auf Peter den Ersten die einzige in Rußland war, und sehr alt ist, wurde immer sehr fleißig besucht. Die Anzahl der Studierenden belief sich beständig auf 4000, obgleich nur Theologie und Philosophie daselbst gelehrt wurde.

ken, so, daß diese sich endlich im Jahre 1624 entschlossen, einen gewissen Jaras zu ihrem Attaman zu wählen, unter dessen Anführung sie den Krieg gegen die Polen anfingen, von denen sie eine große Menge ermordeten. Polen, welches damals mit Schweden in Krieg verwickelt war, und sich nicht zu gleicher Zeit zween Feinden preiß geben wollte, verglich sich mit den Kasaken, nahm die strengen Verordnungen zurück, und brachte es endlich dahin, daß die Kasaken den Frieden bewilligten.

Damals war Sinovei Michailowitsch Chmelnitzki, den die Leser in der Geschichte der Kasaken schon eine so große Rolle haben spielen sehen, bei dem Könige von Polen, dessen Gnade er sich dadurch erworben hatte, daß er ihm die beiden Cantemirs lebendig in die Hände lieferte. Dem ungeachtet gelang es ihm nicht, seine Landsleute auf dem Reichstage zu Warschau, dem er als Deputirter der Kasaken beiwohnte, nach Wunsche zu unterstützen.

Unterdessen wurde der Krieg zwischen Polen und Rußland fortgesetzt. Letzteres verlohr eine Schlacht bei Smolensk, wodurch den Polen der Eingang ins Reich geöfnet wurde. Diese eroberten hierauf Belof, machten aber nachher mit den Russen Friede.

Während dieses Krieges starb im Jahre 1633 der Attaman Jaras. An seine Stelle wählten die Kasaken den Simon Pereviaska; da sie aber bemerkten, daß er den Polen geneigt wäre, und diese wieder darauf dächten, sie zu unterdrücken, so setzten sie ihn ab, und wählten den Pavluk. Dieser führte sie nach Kamenka gegen den Krongroßfeldmarschall Koniepolski; und es kam zum Handgemenge, worinn

die

die Kasaken geschlagen, und bis nach Borobiza zurück getrieben wurden.

Koniepolski bewilligte ihnen den 6ten Dezember 1637 den Frieden unter der Bedingung, ihm ihren Attaman auszuliefern, mit dem Versprechen, ihm nichts zu Leide zu thun; aber die Polen hielten dies Versprechen eben so wenig als so viele andere, die sie den Kasaken gethan hatten. Pavluk wurde nach Warschau gebracht und enthauptet. Zu seinem Nachfolger setzten die Polen den Ostraniza ein, dem sie einen Kasaken, Namens Gunia, von anerkannter Weisheit zum Mitregenten gaben.

Das Verfahren gegen Pavluk, und das Betragen der Polen überhaupt war für die Kasaken ein deutlicher Beweiß, daß die Absicht ihrer Feinde dahin gehe, sie gänzlich auszurotten. Diese Besorgniß reizte sie, die Polen anzugreifen und sie überwanden ihre Feinde in den Wüsten an dem Fluß Stariza, so daß die, welche dem Tode entkamen, um Friede bitten mußten, den sie auch von den Kasaken gegen das eidliche Versprechen erhielten, daß sie in dem Genusse ihrer Freiheiten ferner nicht gestört werden sollten.

Der Friede dauerte nicht lange. Die Polen waren niederträchtig genug, den Ostraniza und Gunia aufzugreifen, und sie nach den schrecklichsten Qualen hinzurichten. Eben so wurde Casimir von Kiow, ein Anführer von hundert Kasaken nebst vielen andern hingerichtet; einige wurden gerädert, andere an langen Nägeln aufgehängt, mit welchen man ihnen die Seiten aufriß, und noch andere geviertheilt. Nichts konnte die Grausamkeit der Polen erweichen; sie ließen sogar Kinder auf dem Roste braten, spießten andere

dere und setzten sie dann der Glut brennender Kohlen aus; machten die, welche nicht getödtet worden, zu Sklaven, und schonten selbst der Kirchen nicht, aus denen man die heiligen Gefäße raubte und den Juden verkaufte.

An die Stelle des ermordeten Ostraniza ward im Jahre 1638 Paltora Koschuch Attaman über die noch übrigen unglücklichen Kasaken, die er sogleich zusammen brachte, um mit ihnen den Tod ihrer Landsleute zu rächen. Sie kehrten aber, da sie beym Flusse Merla angekommen waren, sogleich zurück, weil sich das Gerücht ausbreitete, daß der Fürst Wiesnoveßky gegen sie anrücke. Doch diese Furcht war vergebens; denn die Republik hatte damals wenig Truppen, und ihre Soldaten konnten auch die Strenge der Kälte nicht aushalten.

Koniepolski, der die schlimmen Folgen einer Verbindung der Ukrainischen Kasaken mit den Saporogern verhüten wollte, ließ an den Wasserfällen des Dnepers die Stadt Kudak anlegen, deren Bau er einigen Franzosen übertrug. Während dem man nun mit diesen Arbeiten beschäftigt war, besah Sinovei Chmelnitzki mit einigen Kasaken den Bau. Koniepolski fragte sie, wie ihnen der Bau dieser Festung gefiele; und erhielt von Chmelnitzki die Antwort: er habe nie ein Werk von Menschenhänden gesehen, welches nicht durch Menschen zerstöhrt werden könne.

Dem Paltora Koschuch folgte im Jahre 1642 Buluk, nach dessen zwei Jahre nachher erfolgtem Tode die Polen den Kasaken nicht mehr erlaubten, einen neuen Attaman zu wählen. Sie schickten ihnen Bevollmächtigte aus den polnischen Familien, die gegen die Kasaken am meisten aufgebracht waren, weil

*alle*

alle ihre Besitzungen durch die letztern entrissen worden.

Sinovei Chmelnitzki besaß damals ein Landgut Sobotof genannt, welches sein Vater von dem Starost von Tschigirin, Danilowitsch für seine Dienste erhalten hatte, und in dessen Besitze er von dem Könige zur Erkenntlichkeit für seinen Eifer, und vorzüglich für seine glücklichen Bemühungen gegen die Türken bestätigt worden war.

Der Sohn hatte mehrere Bauern auf diesem Gute angesiedelt; da aber Czaplinzki, der Podstaroste oder Mitregent des alten Starosten seine Treue zu bezweifeln anfieng, so nahm er es ihm unter dem Vorwande, daß es nicht schicklich sey, daß ein gemeiner Kasake Ländereien besäße, und eignete sie sich selbst zu. Chmelnitzki, der dadurch in Wuth gerieth, sagte zu dem Usurpator: Wisse, daß die Mutter der Kasaken noch lebt; noch hast du uns nicht alles geraubt; denn so lange wir noch den Säbel in der Faust haben, sind wir nicht ohne Hoffnung.

Auf diese Worte wurde Chmelnitzki ins Gefängniß geworfen, woraus er erst nach zwey Jahren auf Bitte der Gemahlin des Podstarosten freigelassen wurde; sein Sohn aber, der ihn vertheidigen wollte, bekam einige Stockschläge.

Im Jahre 1647 gab Wladislaus, König von Polen, dem Generaladjutanten der kasakischen Truppen, Barabasch, auf seine unterthänige Vorstellungen wegen der unerhörten Grausamkeiten, welche die Polen unter seinem Siegel begiengen, zur Antwort: Wenn ihr brave Kasaken seyd: so habt ihr ja noch Säbel und Stärke; vertheidigt euch!

Bog-

Bogdan Chmelnitzki bemächtigte sich dieses königlichen Briefes an den Barabasch, und kam damit den 7ten Dezember in die Setscha der Saporoger Kasaken, die er so sehr aufwiegelte, daß sie alle Polen, die sich in der Setscha befanden, ermordeten.

In eben dem Jahre starb Peter Mohila, Metropolit zu Kiow. Im Frühlinge schickte Paul Potozki Attaman der Krone und Kastellan, seinen Sohn Stephan mit sechstausend Polen in die Ukraine. Dieser erhob den Barabasch, nachdem er ihm den Eid der Treue abgenommen hatte, zum Attaman der Ukraine, warb 6000 enrollirte Kasaken, und schickte sie sogleich an die Wasserfälle des Dneprs, um die Partei des gegen Polen rebellirenden Chmelnitzki zu bekriegen. Chmelnitzki hingegen schickte Deputirte an die Donischen Kasaken\*) und bat sie, ihm enrollirte Kasaken zuzusenden.

Zugleich

---

\*) Die Donischen Kasaken wohnen in den Gouvernements Woronesch und Asoff, und bewohnen viel Städte und Flecken am Don und Donez. Ihr Ursprung ist fast der nämliche, als der Ursprung der Ukrainischen Kasaken. Der Umfang ihrer Besitzungen war sehr beträchtlich; aber seit 1707, da sie sich empörten, wurde er fast um die Hälfte vermindert; denn als sie 1708 wieder unterjocht worden, wurden neue Grenzen in ihrem Lande gemacht, nach welchen man ihnen gegen Morgen zu den ganzen Fluß Kuma mit den daran liegenden Ländereien, und die Kasaken von Jaik und Greben, die bis dahin unter ihrer Bothmäßigkeit gewesen waren, und gegen Abend die ganze Provinz Bachmut entzog, so, daß ihre gegenwärtigen Grenzen gegen Abend bei der kleinen Stadt Lugan am Flusse Donez, der Mündung des Flusses Lugan gegen über anfangen, dann sich gegen Morgen von beiden Seiten an die Flüsse Choper, Busuluk und Medvediza erstrecken, und über dem Flusse Don auf Kuban zu, an dem Flusse Jagaia, zwanzig bis dreißig Werste von da endigen.

Zugleich bewog er den Chan der Krimm, der über die erneuerte Verweigerung der Polen, den versprochenen Tribut zu bezahlen, aufgebracht war, ihm zu Hülfe zu kommen.

Im Jahre 1648, den 2ten Mai fiel bei Schelda-woda, zwischen Potozki dem Sohne, und Barabasch einerseits, und Chmelnizki, dem Chef der Kasaken andererseits eine Schlacht vor, worin die Polen geschlagen, Potozki und Barabasch, so wie eine große Anzahl von Kasaken, die unter seinem Kommando standen, getödtet, andere aber zu Gefangenen gemacht wurden.

Sobald die Polen diese Niederlage erfuhren, schickten sie den Attaman der Krone, Potozki mit Calinowski nebst einer großen Armee von Polen gegen die Kasaken; diese marschirten unter dem Kommando des Chmelnizki durch die Wüsten nach Korsun gegen die Armee der Kasaken, die 8000 Mann, und 6000 Tatarn stark war. Sobald die Tatarn die Polen sahen, fiengen sie an zu schreien: Alla! Alla! a Nasiki, Nasiki tur, tur! Frisch auf, schlagt die Ungläubigen; da sind sie! Chmelnizki griff die polnische Armee an, und schlug sie nach einem hartnäckigen Treffen gänzlich,

---

Ihre Hauptstadt Tscherkask liegt am Don, sechzig Werste von Asoff. Sie hat ungefähr fünftausend Häuser, die auf starken Pfosten gebaut sind, um sie gegen die Ueberschwemmungen des Don zu schützen, der gegen den Frühling 10 Werste über die Ufer austritt. Diese Stadt ist die gewöhnliche Residenz ihres Attaman Woiska oder Generals, des Woiskavo Pisar, oder des Sekretairs des Jessaoul, oder Generaladjutanten der dreißig Starschinen, oder Aeltesten, ohne deren Einwilligung der Attaman durchaus nichts unternimmt.

lich, machte den Potozki und mehrere polnische Adliche zu Gefangene, und schenkte sie den Tatarn, die sie in ihre Horden führten.

Nach diesem Siege erhielt die Armee des Chmelnitzki beträchtliche Verstärkungen. Er theilte sie in Regimenter, und gab jedem einen Aeltesten zum Kommandeur. Mit Bewilligung dieser Häupter schickte er an den König und die Republik folgendes Plakat: „Da die Kasaken in Absicht der wichtigen und unzähligen Beschwerden, die sie theils mündlich durch Deputirte, theils schriftlich haben vortragen lassen, das Mitleid der Polen nicht haben erwecken können: so sehen sie sich genöthigt, Hülfe zu suchen, um sich gegen ihre Ungerechtigkeiten zu schützen. Diese haben sie nun bei den Tatarn gefunden, die deshalb ihre Weiber und Kinder verlassen, und sich mit den Saporoger Kasaken als ihren Beschützern vereinigt haben. Zweimal haben sie die Armee der Republik, die sie verfolgte, geschlagen. Dennoch sind sie, dieser Vortheile ungeachtet, bereit, sich dem Könige und der Republik Polen zu unterwerfen, wenn es nur seiner Majestät gefällig ist, die gegen sie begangene unerhörte Grausamkeiten einzustellen, die, welche sie verübt haben, öffentlich zu bestrafen, und ihre Freiheit und Privilegien zu schützen. Dies ist alles, was sie in dem kläglichen Zustande verlangen, worein sie durch die, welche sie hätten unterstützen sollen, gerathen waren. Wollen Ew. Maj. ihnen diese Gnade bewilligen: so sind sie bereit, wegen des seiner Armee angethanenen Schimpfes um Verzeihung zu bitten. Gegeben auf dem Schloße Bielaczerkoff, den 2ten Jul. 1648."

In eben dem Jahre, da die Ungerechtigkeiten der Juden und polnischen Edelleute in der Ukraine unerträglich wurden, hieben die Obersten des Chmelnitzki, Wnestejef, Kabanof und Ostap, (die man als Schutzengel betrachtete,) alle Juden, die sie auffanden, nieder, und ließen sich von den Adlichen Lösegeld zahlen. Der Fürst Wiesnovezki mußte von Lubna flüchten, und mit seiner ganzen Familie nach Polen zurück kehren. Diesem Beispiele folgten auch die übrigen Polen.

In eben dem Jahre nahm der Sekretär des Chmelnitzki, Maximus Krivonoß, die Stadt Bar ein, und tödtete darin alle Polen, den einzigen Potozki ausgenommen, den er zum Gefangenen machte. Bei diesem Blutbade kamen mehr als funfzehntausend Juden um.

Im September eben desselben Jahrs bestürmte Bogdan Chmelnitzki, von den Tatarn unterstützt, das Lager der Polen, und bemächtigte sich aller Reichthümer, die sich in dem Flecken Peliafka befanden. Auch fiel eine Menge mit goldenem und silbernen Geschirre beladener Wagen, die man dahin zur Hochzeitfeyer eines vornehmen Polen brachte, in die Hände der Kasaken und Tatarn.

Den 31sten October eben desselben Jahrs wurde Kasimir, der Bruder des vor Verdruß verstorbenen Königs Wladislaus, zu Warschau gekrönt.

In eben dem Jahre nahm Bogdan Chmelnitzki funfzig Kanonen weg, welche die Polen in der Festung Barasa aufgepflanzt hatten, bemächtigte sich der Städte Lwof und Samostie, forderte von den Adlichen beträchtliche Summen als Lösegeld, und kehrte mit diesen Reichthümern nach Kiow zurück, wo

er

er sich sogleich in die Kirche begab, um Gott für den glücklichen Feldzug zu danken.

Bei dieser Gelegenheit eilten die Kasaken von allen Ständen auf ihn zu, um ihm zu danken, und ihm den Titel eines Befreiers der Ukraine beizulegen. Aus Erkenntlichkeit für diese Ehre gieng Chmelnitzki nach Perejaslavl, und heiratete seine Pathe, die Wittwe des Podstarosten Czaplinski, die ihn einst durch ihre Bitten aus dem Gefängnisse befreiet hatte.

Nach diesen Niederlagen schickten die Polen den Woiwoden von Kiow, Kisieli und den Fürst Tschetwertinski, nebst ihren Adjutanten an Chmelnitzki, die ihm ein Eichhornfell, einen Kommandostab, einen Roßschweif, und die Versicherung, daß er in seiner Würde als Attaman der Saporoger Kasaken bestätigt seyn sollte, brachten, und ihn wegen seiner Heirath lobten. Chmelnitzki nahm die Geschenke an, unterhielt sich einige Zeit mit den Deputirten, und ließ sie dann ihres Weges ziehen.

Einige Tage darauf schickte der gedachte Woiwode von Kiow einen Priester mit Briefen an ihn, worin er ihn ermahnte, sich wieder unter polnischen Schutz zu begeben.

In eben dem Jahre schickten die Hospodare der Moldau und Wallachei, so wie mehrere Häupter von tatarischen Horden Gesandte an ihn, um ihm über seine Siege Komplimente zu machen, und ihn um Hülfe gegen ihre Feinde zu ersuchen.

Zugleich schickte der türkische Kaiser eine Gesandtschaft an ihn, schenkte ihm einen Kaftan, einen Säbel und einen Kommandostab, und gab dem Pascha von Silistrien und dem Chan der Krimm Befehl, ihm Hülfstruppen zu senden, (denn damals war noch
kein

kein Traktat zwischen dem Könige von Polen und dem türkischen Sultan).

Noch in eben demselben Jahre schickte Chmelnitzki zum erstenmale Gesandte an den Zaar Alexis Michailowitsch, mit der Bitte, ihm Hülfe zu leisten, und sich mit seinen Truppen an der Grenze von Litthauen bereit zu halten, um die im Smolenskischen Kriege verlohrne Ländereien wieder zu erobern.

Im Jahre 1649 kam der Chan der Krimm in eigner Person dem Chmelnitzki zu Hülfe. Die gesammten Kasaken belagerten nun mit ihm Barasa, und schlossen die Polen darin so eng ein, daß sie Pferde, Hunde, Katzen, Mäuse u. s. w. fressen mußten. Der König selbst eilte mit einem Korps von zwanzigtausend Mann herbei, um die Stadt zu entsetzen, aber die Kasaken marschirten ihm entgegen, nöthigten ihn zum Rückzuge, beunruhigten ihn auf dem ganzen Marsche, und hätten fast die ganze Bagage weggenommen; sie tödteten während dieses Rückzugs den Generalissimus Osolinski, mehrere andere vornehme Herren, und mehr als fünftausend Mann, so, daß der ganze Weg von Todten bedeckt wurde. Die Folge dieses Rückzugs war die Eroberung von Barasa. Jetzt schrieb der König, der sich gegen die beiden vereinigten Armeen zu schwach fühlte, einen Brief an den Chan, worin er ihn zu bewegen suchte, die Kasaken hülflos zu lassen. Auf diesen Antrag antwortete der Chan dem Ueberbringer, daß er die Sache überlegen wolle, wenn der König ihm die schuldig gebliebene hunderttausend Dukaten zahlen, und allen Saporoger Kasaken Verzeihung und Freiheit bewilligen wolle. Ueberdies verlangte Chmelnitzki, daß künftig vierzigtausend Kasaken enrolliret, und

alle

alle Aemter mit Kasaken besetzt werden, daß die Polen künftig nichts gegen ihre Kirchen, Gebräuche, und Priester unternehmen, und der Metropolit von Kiow in dem Senate nach dem Primas sitzen solle.

Während dieser Unterhandlungen richtete Gladki an der Spitze eines Korps von Kasaken, das Chmelnitzki ihm anvertrauet hatte, in Litthauen viele Verwüstungen an; aber der Fürst Radzivil marschirte ihm entgegen, und Gladki wurde, wie auch sein Nachfolger Podobailo, getödtet.

Nachdem der König die Foderungen des Tatarchans und der Kasaken bewilligt hatte, so wurde der Frieden und die Ruhe wieder hergestellt. Chmelnitzki wurde dem Könige von dem Großkanzler Lubomirski vorgestellt, bat um Verzeihung des Vergangenen, und kehrte nach Hause zurück.

Doch hatten die Polen nichts weniger im Sinne, als die Artikel des mit den Kasaken gemachten Traktats zu beobachten. Der erste Bruch polnischer Seits war der, daß man sich durchaus weigerte, dem Metropolitan von Kiow, Kosof, den Chmelnitzki zum Reichstage sandte, eine Stelle im Senate einzuräumen, wie doch der König ausdrücklich versprochen hatte.

In eben diesem Jahre erhielt Chmelnitzki die Nachricht, daß der König von Polen geneigt wäre, in Verbindung mit den Tatarn den Zaar von Rußland, Alexis Michailowitsch, zu bekriegen, nachdem er den Fürsten Alexis Trubetzkoi und Puschkin, die er als Gesandte an den König von Polen geschickt hatte, um ihm zur Entschädigung für die durch die Eroberung von Smolensk veranlaßten Kosten hunderttausend

send Rubeln abzufordern, mit dem Bescheide zurück geschickt hatte: daß sie im Stande wären, ihr Eigenthum mit dem Degen in der Faust zu schützen.

In eben dem Jahre befahl der türkische Sultan dem Hospodar von der Moldau, Basilius Lipula, mit Chmelnitzki Freundschaft zu errichten, und deshalb seinem Sohne Timotheus seine Tochter Irena zur Gemahlinn zu geben. Da sich aber der Hospodar weigerte, so schickte Chmelnitzki den Nosatsch, General der Artillerie, und Doroschenko mit sechzehn tausend Kasaken gegen ihn, die über den Dniester marschirten, wo sie zwanzigtausend Tatarn vorfanden. Beide vereinigte Armeen bemächtigten sich Soroka, und verwüsteten Sutschawa in der Moldau. Der Hospodar mußte Jassi verlassen, und nach Chorzim fliehen. Die Kasaken und Tatarn setzten ihm nach, umringten den Wald, in den er sich retirirt hatte, nahmen ihn gefangen, und nöthigten ihn, seine Einwilligung zur Verbindung seiner Tochter mit dem Sohne des Chmelnitzki zu geben, und überdies den Tatarn eine beträchtliche Summe als Lösegeld zu zahlen.

Endlich schickte der König Casimir auf wiederholtes Ansuchen des Chmelnitzki und der Kasaken die Ratifikation des Traktats von Sborow, wodurch er sie als ein freies Volk anerkannte, mit der Erlaubniß, immer vierzigtausend Mann auf den Beinen zu haben. Chmelnitzki ließ diese Ratifikation den 8ten März mit Unterschrift des Netschaja, Obersten von Braslav, des Demian Mnogo-Greschnoi und Ossipe Wigowsky registriren.

Im Jahr 1650 kam der Woiwode von Kiow, Kisieli, mit einer starken Anzahl adlicher Polen, in der Ukraine an, um von neuem Grenzen zu machen; aber die Kasaken widersetzten sich dieser Unternehmung,

treu zu erhalten ertheilt werden sollten. Seine Aufnahme war äußerst lau, und als die Briefe des Sultans verlesen waren, riefen die Kasaken einmüthig aus: Wir sind Christen; deswegen haben wir uns unter rußischen Schutz begeben und unter diesem wollen wir ewig bleiben.

Da der türkische Gesandte sahe, wie schlecht er den Endzweck seiner Sendung erreichte, verließ er die Setscha aufs schleunigste. Die Kasaken gaben ihm noch ein Schreiben mit, worinnen sie ihren Attaman Orlißk, der in Bender ein Mohamedaner worden war, mit den größten Schimpfnamen belegten, und den Tatarn und Türken noch die heftigsten Vorwürfe machten. Auch gaben sie ihm eine kurze Frist, binnen welcher er über die Grenze seyn müsse, und da er nicht über die Grenze war, plünderten sie ihm seine Bagage.

Da diese Nachrichten nach Konstantinopel kamen, ertheilte der Sultan Befehl, alle in den türkischen Ländern befindliche Kasaken in Verhaft zu nehmen, und zu den härtesten Arbeiten zu brauchen; zur Wiedervergeltung hieben die Kasaken alle Türken und Tatarn, die noch bei ihnen waren, nieder.

Dennoch kam bald darauf noch ein türkischer Gesandter, welcher den Kasaken vorstellte, daß sie es in kurzem bereuen würden, sich dem türkischen Schutze entzogen zu haben, und daß, da sie einmal darauf bestanden sich einer Macht zu unterwerfen, die ihnen mit Undank lohnen würde, es billig sey, Ländereyen wieder abzutreten, die man ihnen blos unter der Bedingung, treu zu bleiben, abgetreten habe. Allein, dies alles half nichts, und da der Gesandte durch eine Landcharte zu beweisen suchte, daß das Land, welches sie bewohnten, dem Großsultan gehöre, erwiederten die Kasaken, daß ihre Charten das Gegentheil bewiesen, und ihre Vorfahren die Türken mit gewaffneter Hand aus diesem Lande vertrieben hätten. Der Sultan würde übrigens wohl thun, setzten sie hinzu, keinen Gesandten mehr zu schicken, denn sie würden ihn als Feind betrachten und behandeln. Dies war eine von den Ursachen des Krieges zwischen Rußland und der Pforte, der sich im J. 1735 entspann, und worinnen die Kasaken sich großen Ruhm erwarben.

Im J. 1736 stießen einige tausend Kasaken, theils Fußvolk, theils Reuterey zu der rußischen Armee, und trugen viel zur Eroberung von Prekop, Kinburn, Koslow und Bachtschisserai bei. Das Lob, welches ihnen die rußischen Generale ertheilten, bewog die Kaiserinn Anna ihnen nicht nur Geschenke zu machen, sondern auch Belobungsschreiben ausfertigen zu lassen, zu welchen eine große Fahne mit dem rußischen Wapen, viele kleinere, ein Roßschweif, ein silberner Kommandostab, und etliche tausend Rubel gefügt war.

Das Jahr darauf giengen die saporogischen Kasaken mit vor Otschakow, wo sie eine unsägliche Beute machten. Im J. 1738. waren sie mit in der Moldau, und 1739 waren drey Korps von ihnen bey der Armee des Feldmarschall Münnich, bei der des Feldmarschall Lascy, und bei dem Generallieutenant Stoffeln, welche alle drei ausgezeichnete Dienste thaten.

So lebten die Kasaken in dem besten Vernehmen mit Rußland, als die jetztregierende Kaiserinn 1764

die

die Stelle eines Attamans der Ukrainischen Kasaken, welche damals Graf Kirilla Rasumowsky bekleidete, abschaffte, und eine aus acht Gliedern bestehende Kommißion an seine Statt verordnete.

Als 1768 der vorige türkische Krieg ausbrach, zeigten sich die Saporogischen Kasaken wieder von einer sehr vortheilhaften Seite, allein ihre ganze Tapferkeit diente zu nichts, als ihren Untergang zu beschleunigen.

Die Abschaffung der Attamanschaft, die Errichtung der Neu-Servischen Statthalterschaft, der 1767 gegebne Befehl Deputirte wegen Abfassung eines neuen Gesetzbuchs zu schicken, die Verminderung der Freiheit der Kasakischen Bauern, die Abgabe eines Rubels von jeder Feuerstelle, die so oft erneuerten Versuche die Saporischen Kasaken zur Ehe und zum häuslichen Leben zu bringen, und der Entwurf des Kriegskollegiums die Saporogischen Kasaken in Regimenter einzutheilen, dies waren die Quellen des Zwistes zwischen Rußland und den Kasaken, dem endlich der Untergang der ganzen Nation folgte.

Als Peter der Dritte des Thrones entsetzt ward, versicherte man sich vor allem der Garderegimenter. Die Regimenter Preobraschensky und Semenowsky hatten schon den Huldigungseid abgelegt, das Regiment Ismailof, welches Graf Rasumowsky kommandirte, blieb noch unentschlossen, und dieß gab den Feinden des Grafen die beste Gelegenheit ihm zu schaden. Während nemlich die Kaiserinn alle diejenigen entfernte, die ihr nachtheilig seyn konnten, brachte man ihr Verdacht gegen den Grafen bey, und rieth ihr, ihm die Stelle eines Attamans zu nehmen, welche ihn zu mächtig und furchtbar mache. Die

Kaiserinn sagte deshalb einst zum Grafen: Ihr Posten muß sehr einträglich seyn: wie hoch schätzen sie wohl die Einkünfte? und da der Graf antwortete, 60 bis 100000 Rubel — so fuhr sie fort — so wären Sie ja wohl nicht böse, wenn ich selbst Attaman wäre, und Ihnen die Einkünfte ließe? — Der Graf konnte nicht Nein sagen, und von diesem Augenblicke war kein Attaman mehr. Andre sagen, daß die wahre Ursache die Furcht für den Grafen bei dem großen Projekte wider die Saporogischen Kasaken gewesen sey.

Die Aufhebung dieser Würde beunruhigte die Kasaken, und noch mehr als vorher wurden sie jetzt auf die Niederlassungen in Servien aufmerksam. Die Husaren, welche von den Russen als Kolonisten und zu Bewahrung der Grenzen gegen die Tatarn dahin gesetzt waren, waren in den Augen der Kasaken dazu bestimmt, über sie herzufallen, und ihnen, wenn es den Russen beliebte, den Garaus zu machen. Da das Land dieser neuen Ansiedler von jeher den Saporogischen Kasaken angehört hatte, so fuhren sie fort, sich über die Entziehung ihres Gebiets zu beklagen, ohne daß ihre Klagen etwas fruchteten, weil der Hof sich stets für die Husaren erklärte. Die Härte, mit welcher man sie bei Absendung der Deputirten zu Abfassung eines neuen Gesetzbuches behandelte, vermehrte die Kälte noch mehr, welche zwischen dem Hofe und den Kasaken entstanden war. Die letztern beschwerten sich bei dem Feldmarschall Rumänzow, die Deputirten wurden aber in Ketten gelegt, und nach Petersburg gebracht, wo sie im Gefängnisse fast für Hunger und Durst umkamen.

Dies waren nicht die einzigen Beschwerden, welche die Kasaken zu führen hatten. Während der sische Hof vor ganz Europa die Frage aufwarf, welches besser sey, ob die Bauern Sklaven blieben, oder ob sie frey würden? that er alles mögliche, die Bauern in der Ukraine ihrer bisherigen Freiheiten zu berauben. Diese Leute hatten bisher das Recht gehabt, den Herrn, der ihnen nicht anstand, zu verlassen, und Unterthanen eines andern zu werden, der Hof verbot dies durch eine Verordnung, in welcher sie auch angewiesen wurden, die Klagen, welche sie wider ihre Herren hätten, vor die Richter zu bringen, wo, wie ihnen die Erfahrung bald bewies, der Arme immer Unrecht haben mußte. Führte ein Bauer Prozeß gegen seinen Herrn, so hörte der Prozeß entweder nie, oder mit Prügeln auf, die der Bauer bei dem größten Rechte erhielt. Dieser Verordnung folgte bald eine andere, wodurch jede Feuerstelle jährlich mit einem Rubel Abgabe belegt ward, worauf 6000 Bauern nach Polen auswanderten, welches aber doch nicht hinderte, daß nicht die Kopfsteuer, wie in Rußland, eingeführt ward.

Das war noch nicht alles: um die Ukraine dem übrigen Rußland völlig gleich zu machen, suchte man allmählig alle Sitten des Hauptlandes darinnen einzuführen. So ward dem rußischen Adel erlaubt, Güter in der Ukraine zu kaufen, völlig dem Inhalte ihrer Privilegien zuwider, welche nur zum Christenthume bekehrten Juden und Priestersöhnen dieses erlaubten.

Was die Einwohner der Ukraine noch mehr aufbrachte, war, daß, nachdem sie so viel kostbaren Vorrechten hatten entsagen müssen, die seit Alexej Michailowitsch ihnen von allen Zaaren und Kaisern waren bestätigt worden, sie noch dem letzten ihrer

Pri-

Privilegien entsagen mußten; denn 1773 setzte Rußland in Gluchow, der Residenz des letzten Attamans, einen Justizhof nieder, dessen gegenwärtiger Präsident der Feldmarschall, Graf Rumänzow ist.

Die Mitglieder dieses Justizhofs müssen Russen und Kasaken in gleicher Anzahl seyn. Sie entscheiden gewöhnliche Prozesse in der letzten Instanz, in wichtigern Dingen aber kann man an das dritte Departement des Senats appelliren.

Man fing auch aufs neue an, in die Kasaken zu dringen, daß sie sich verheurathen möchten, allein mit eben so schlechtem Erfolge als ehemals. Die Kasaken behaupteten, daß sie dadurch ihren Muth schwächen, und sich feig und kleinmüthig machen würden. Auf den Antrag sie in Regimenter zu vertheilen, erwiederten sie, daß ihre militairische Disciplin vorzüglich vor allen andern sey, daß sie bisher tapfer gewesen wären, ohne in Regimenter eingetheilt gewesen zu seyn, und daß die ganze Sache wider ihre Privilegien laufe.

Da der rußische Hof nach diesem allen einen Aufruhr befürchten mußte, beschloß er einem Volke, das ihm so gefährlich schien, den Garaus zu machen, und so ließ die rußische Kaiserinn folgendes Manifest ausgehen:

Wir Katharina die Zweyte ꝛc. fügen hiermit allen Unsern treuen Unterthanen zu wissen, daß die Setscha der Saporogischen Kasaken, wegen des Ungehorsams dieses Volkes gänzlich aufgehoben seyn soll.

Wir haben diesen Uns durch die Nothwendigkeit aufgedrungenen Entschluß, der Unserer angebohrnen Huld so sehr zuwider ist, nicht eher nehmen wollen, als bis Wir alle glimpfliche Mittel versucht hatten, um die Größe ihrer Verbrechen desto mehr zu bestätigen,

tigen, und jedermann zu überzeugen, daß sie Unsere gerechte Ahndung, und die ganze Strenge der Gerechtigkeit verdienen.

Wir wollen hier der Klagen nicht erwähnen, welche die benachbarten Mächte, wegen der steten Streifereien und Plünderungen dieser Kasaken geführt haben, sondern nur auf die Entstehung dieses Volks zurück weisen, und die verwegene Verachtung berühren, die sie gegen Uns bezeigt, und die Gewaltthaten, die sie sich gegen Unsere Unterthanen erlaubt haben.

Die alten Geschichtschreiber unsers Vaterlandes belehren uns, daß die Saporogischen Kasaken ein Theil der Klein-Rußischen waren, welche sich von dem Urvolke durch besondere Sitten und Gebräuche unterschieden. Das letztere blieb in seinen alten Wohnörtern, wo es noch dem Staate treu und nützlich lebet. Die Saporogischen Kasaken im Gegentheil verließen ihr Land, und zogen über die Wasserfälle in Gegenden, wo, wie es die Lage dieser Gegenden sogar erforderte, sich nur einige Soldatenhaufen aufhielten, um die Einfälle der Tatarn abzuwehren. Wie sie an Zahl wuchsen, stifteten sie ein Etablissement, das ihnen allein eigen, und so sonderbar als den Absichten des Schöpfers, die auf Vermehrung des Menschengeschlechts abzielen, entgegen war. Anfangs hatte man den zu Bedeckung der Grenzen jenseits der Wasserfälle detaschirten Kasaken verboten, ihre Weiber und Kinder mitzunehmen, damit sie nicht ohne Noth der Gefahr, gefangen zu werden, ausgesetzt würden. Diese Einrichtung gewöhnte mehrere von ihnen an Müßiggang und Ehelosigkeit, so, daß sie sich mit der Zeit ein Gesetz daraus machten, ihr Vaterland verließen, und in ihrer Setscha blieben.

Den-

Dennoch war die Zahl dieser Kasaken nicht beträchtlich, bis die Ukraine rußisch ward, wie aus der Antwort der Kasakischen Gesandten erhellt, als der Minister des Zaars sie fragte, weshalb die Saporogischen Kasaken noch nicht gehuldigt hätten? — „Die „Saporogen sind ein armes unbedeutendes Volk." Da indessen diese Kasaken ihre baldige Erlöschung von Zeit zu Zeit befürchten mußten, fingen sie an in ihre abscheuliche Gesellschaft Leute von aller Art aufzunehmen, wodurch sie sich denn bis auf den heutigen Tag erhielten.

Ein politischer Körper dieser Art, der sich von dem übrigen Theile der Welt so sehr unterschied, dessen Glieder von Plünderungen der Völker lebten, mit denen Wir durch die heiligen Bande der Freundschaft und des Friedens verbunden sind, die den Gebrauch hatten im Tempel des Höchsten, dem Raub ein Abscheu ist, einen Theil des Raubes zu opfern, die endlich, als ihnen alle Mittel zu plündern entzogen waren, im größten Müßiggange der schändlichsten Ausschweifungen und den häßlichsten Lastern lebten; ein solcher Körper war und kann dem Vaterlande nicht nutzbar seyn.

Ihre Verbrechen aber bestehen vornehmlich in folgenden:

1) Wenn Wir auch ihre alten Vergehungen und ihre Treulosigkeit in Absicht des Uns schuldigen Gehorsams vergessen wollten, so könnten Wir doch ihr freches Betragen gegen ihre Nachbarn binnen den letzten zehn Jahren nicht mit Stillschweigen übergehen; da sie sich nicht allein Distrikte zugeeignet, die Wir im letzten Kriege von der Pforte eraberten, sondern auch Neu-Rußland besetzten — unter dem Vorwand, daß dieses und jene ihnen vor alten Zeiten

ten schon zugehört hätten; da doch das Gegentheil allgemein bekannt ist.

2) Haben sie die Kühnheit gehabt, sich nicht allein der Ackervermessung von Neu-Rußland zu widersetzen, sondern auch besondere Wohnungen zu bauen, und ohngefähr 8000 Personen von beiden Geschlechtern, welche zu den dasigen Regimentern gehörten, unter ihre Bothmäßigkeit zu bringen.

3) Haben sie den Einwohnern von Neu-Rußland durch ihre Streifereyen und Plünderungen in 20 Jahren seit 1755 für mehrere tausend Rubel Schaden gethan.

4) Haben sie sich nicht gescheut, das durch den letzten Frieden erhaltene Land zwischen dem Dnepr und Bog sich zuzueignen und die dortigen Einwohner zu ihren Unterthanen zu machen; ja ihre Raserei so weit getrieben, daß sie mit gewäffneter Hand die Distrikte der Statthalterschaft Neu-Rußland, auf welche sie Ansprüche zu haben vermeinten, wieder zu erlangen suchten, ohngeachtet Wir ihnen durch Unsre Verordnung vom 22sten May 1774 befohlen hatten, sich aller Gewaltthätigkeiten zu enthalten, und

5) Haben sie Trotz Unsers mehrmaligen Verbotes Kasakische Ausreisser unter sich aufgenommen, und durch verschiedene Kunstgriffe verheurathete Männer aus der Ukraine in ihre Dienste gelockt, welches ihnen auch so gut gelungen ist, daß sie mehr als 50000 Menschen zu sich gelockt haben.

6) Haben sie ihre Verwegenheit soweit getrieben, daß sie den Donischen Kasaken, denen Wir besonders gewogen sind, und die Wir mit Unsrer besondern Gnade beehren, Ländereyen abzunehmen angefangen haben, die diese von jeher besaßen. Jeder Vernünftige wird die arglistigen Absichten der Saporogen

rogen hierinn nicht verkennen, und den Nachtheil einsehen, der für das ganze Reich daraus erwachsen muß.

Nachdem Wir alles dies in reifliche Ueberlegung gezogen, haben Wir uns gegen Gott, das Reich und das ganze Menschengeschlecht verpflichtet, die Setscha der Saporogen und dieses Volk selbst gänzlich aufzuheben. In dieser Absicht hat Unser Generallieutenant Tökeli mit den unterhabenden Truppen besagte Setscha eingenommen, ohne daß dabey die mindeste Unordnung vorgefallen wäre.

Wir thun also Unsern treuen vielgeliebten Unterthanen kund und zu wissen, daß die Setscha der Saporogischen Kasaken nicht mehr besteht, daß diese Kasaken auf immer aufgehört haben, und daß Wir diese Gegenden redlichen und dem Vaterlande nutzbaren Einwohnern einräumen wollen, welche der Statthalterschaft Neu=Rußland unterworfen seyn sollen.

Uebrigens erlauben und befehlen Wir alle die, welche unter den Saporogischen Kasaken wohnen, und nicht Lust haben, an ihren gegenwärtigen Wohnorten ein ordentliches Leben zu führen, an die Orte ihrer Geburt zurück zu bringen.

Wollen auch, daß Unsere Kaiserliche Gnade allen Häuptern und Offiziers der Kasaken, welche treu und redlich gedient haben, versichert werde.

Gegeben zu Moskau, den 4ten Aug. 1775, Unserer Regierung im 14ten Jahr.

Katharina.

Seit Unterwerfung der Saporogischen Kasaken ꝛc. 75

So weit geht die Geschichte der Kasaken, welche der Verfasser aus Kasakischen Handschriften zusammen getragen zu haben scheint. Dieser lasse ich nun seine eigne Arbeit folgen, welche im Original den größten Theil des zweiten Bandes ausmacht, und Geschichte der Attamans betitelt ist. Sie zeichnet sich durch mehrere Vollständigkeit und Genauigkeit aus, geht aber auch in einzelnen Stücken von der vorigen ab.

---

## Abriß der Geschichte der Attamans, und der merkwürdigsten Begebenheiten in der Ukraine.

Der Zustand der Schwäche, worein Rußland durch die Uneinigkeiten zwischen den Söhnen des verstorbenen Wladimirs und durch den Einfall des Batti gerathen war, reizte den Großherzog von Litthauen, nach Kiow zu marschiren, und die rußischen Fürsten anzugreifen. Auch besiegte er sie würklich, und eroberte das Fürstenthum Kiow, welches er dem Fürsten von Olchansk zur Regierung übergab. So blieb es bis zum Tode des Fürsten Simeon Olekowitsch, der die durch Batti zerstöhrten Kirchen und Setschen wieder hergestellt hatte. Um diese Zeit im Jahre 1340 machte Casimir der Erste, König von Polen, aus dem Fürstenthume Kiow eine Statthalterschaft, und vertheilte die ganze Ukraine an Russen, die sich vor andern vortheilhaft auszeichneten, die eben den Rang als die polnischen Edelleute haben, und sich zur Vertheidigung der von ihm erhaltenen

tenen Ländereien gegen die Feinde, die sie etwa wegzunehmen versuchen würden, eidlich verpflichtet sollten. Zu Häuptern gab er ihnen Woiwoden, Kastellane, Aeltesten, Richter u s. w.

Die Nachfolger des Königs Casimir, und unter andern Jagello, Wladislaw sein Sohn, und Alexander, Casimirs Sohn, die bis ins funfzehnte Jahrhundert regierten, bestätigten Casimirs Verordnungen.

Sigismund der Erste bestätigte nicht nur die Privilegien der Kasaken, sondern vermehrte sie auch, und darinn folgten ihm auch die nachherigen Regenten. Unter allen Freiheiten aber, die er ihnen bewilligte, war ohne Zweifel das Recht, sich selbst einen Attaman zu wählen, die wichtigste.

Im Jahr 1506 ward Prebislav Landskoronski aus einer polnischen Senatorfamilie, Attaman der Saporoger und Ukrainer Kasaken. Er machte sich dadurch berühmt, daß er den Türken in den Kriegen, die sie gegen Polen führten, alles das wieder wegnahm, was sie bisher in der Ukraine erobert hatten.

Zur Belohnung für diesen Dienst überließ Sigismund im Jahr 1540 den Kasaken die nahen Ländereien ober- und unterhalb den Wasserfällen des Dnepers zum ewigen Eigenthume, unter der Bedingung, sich den Einfällen der Türken und Tatarn zu widersetzen.

An die Stelle des Prebislav Landskoronski wurde Demetrius, Fürst Wischneveski, von den Kasaken und zum Nachfolger dieses Attamans Eustathius, Fürst Ruschinskoi gewählt. Dieser nun gab sich alle Mühe, die Kasaken abzuhärten, sie zu Strapazen zu gewöhnen, und kriegerisch zu machen. Bei
dieser

dieser Gelegenheit zogen sich die, welche sich dieser Kriegszucht nicht unterwerfen wollten, in die Wüste, unterhalb den Wasserfällen zurück, wo sie von wilden Thieren und Fischen lebten, und den Namen Kasaken annahmen. Am berühmtesten wurden sie nachher durch den Schaden, den sie den Türken bei ihren Expeditionen auf der Donau thaten.

Unter der Regierung des Attamans Ruschinskoi fiel der Tatarchan, Melinderei, in den Staaten des Großfürsten von Moskau ein, und verwüstete alles mit Feuer und Schwerdt. Auf diese Nachricht versammlete Sigismund eine große Anzahl von Polen in den Gegenden des Flusses Jaik *) und ukrainische Kasaken, an deren Spitzen er Bielgorod eroberte, nach-

---

*) Der Fluß Jaik entspringt im Araltag, im 53sten Grade der Breite, und 85sten Grade der Länge; läuft von Nord-Nord-Ost nach Süd-Süd-West, und fällt nach einem Laufe von ungefähr 80 deutschen Meilen in das Kaspische Meer, 45 Meilen östlich von der Mündung der Wolga. Hier macht der Fluß Jaik die Grenze zwischen Rußland und den Staaten des Chans der Kalmucken; die Ufer desselben haben gute Weiden, aber vorzüglich gegen das kaspische Meer zu, Mangel am Holze. Uebrigens hat dieser Fluß einen unglaublichen Ueberfluß an vortreflichen Fischen, die zu Anfange des Frühlings in so großer Menge aus dem kaspischen Meere, dessen Wasser außerordentlich salzig sind, in das süße Wasser dieses Flusses kommen, daß man mit der Hand, so viel man will, fangen kann. Von dem hier und in der Wolga gefangenen Fischen, kommt der durch ganz Europa bekannte Caviar, der aus den gesalzenen Eiern derselben besteht. Seit dem berühmten Aufruhre des Pugatschew, wodurch diese Gegenden so sehr verwüstet wurden, heißt der gedachte Fluß auf Befehl der jetzt regierenden Kaiserinn, die sogar den Namen und das Anden-

nachdem er die zum Ersatze der Stadt herbeieilende Armee der Türken und Tatarn geschlagen hatte, und mit Ruhm und Beute zurückkehrte.

Damals nahmen die am Jaik wohnenden Polen den Namen Kasaken an, und ließen sich an den Wasserfällen des Dneprs nieder, wo sie nachher gemeinschaftlich in einer Setsche wohnten. Statt aber hier ruhig zu bleiben, suchten sie mit den Schiffen, die sie mit dem größten Eifer und mit einer außerordentlichen Geschwindigkeit gebauet hatten, die Türken sogar in ihren Städten und Festungen zu beunruhigen. Diese Tapferkeit machte sie so berühmt, daß die vornehmsten Polen nach der Ehre strebten, ihr Attaman zu werden.

Nach des Fürsten Ruschinskoi Tode im Jahre 1543 ward Wenschik Chmelnitzki einmüthig zu ihrem Attaman gewählt. Er machte sich dadurch berühmt, daß er die Tatarn der großen Horde bei Saslas in Wolhynien gänzlich besiegte.

Unter seiner Regierung wurde Kurland und Semgallen der Republik Polen (zu Lublin im Jahre 1569) einverleibt, weil der Beherrscher dieses Landes befürchtete, daß Johann Basilowitz der Zweite, der Lief- und Esthland verwüstete, auch seine Besitzungen anfallen würde.

Nach dem Tode des Chmelnitzki, im Jahre 1574 unter der Regierung Heinrich, Königs von Polen, (der auch unter dem Namen Heinrich der Dritte, König von Frankreich bekannt ist), wurde Swergowsky zur Würde eines Attamans erhoben. Seine Regierung machte

---

ken dieser Kasaken vernichten wollte, nicht mehr Jaik, sondern Uralskaja-Rena, oder Uralfluß und die davon benannte Stadt Jaiczkoigorod, Uralskoi-gorod.

machte er dadurch berühmt, daß er, da ihn Johann, Hospodar der Moldau, gegen die Türken zu Hülfe rufte, außerordentliche Proben der Tapferkeit ablegte. Doch ward er, nachdem er die Türken in vierzehn Scharmützeln besiegt hatte, mit seinen Truppen niedergehauen.

Jetzt (im Jahr 1576) fiel die Wahl auf Bogdanko, der mit dem Reste der Armee in die Krimm marschirte, und sie eroberte. Seine Tapferkeit erwarb ihm die Achtung des damaligen Regenten in Polen, Battori, der ihm einen Kommandostab, eine Standarte, einen Roßschweif, und ein Pettschaft schenkte, auf dem ein Reiter mit einem bloßen über dem Kopf erhabenen Säbel, den zur Hälfte eine große Mütze, mit einem Horne zur Seite statt der Aigrette bedeckte, gegraben war. Auch gab er ihm zur Unterstützung bey seinen Geschäften Räthe.

Stephan Battori setzte unter den Kasaken Richter, Sekretaire, Adjutanten, Obersten, Hauptleute und Attamans ein. Nachher schenkte er ihnen die alte Stadt Tschigirin und Trechtemirof mit einem Kloster zu Winterquartieren, und gab jedem jährlich einen Dukaten und einen Pelz zur Besoldung. Auch thaten die Kasaken unter seiner Regierung einen Feldzug nach Asien, mehr als fünfhundert Meilen ins Land hinein, bemächtigten sich der Städte Trapezunt, zerstöhrten Sinope, und kamen bis vor die Thore Konstantinopels, wobei sie die umliegenden Gegenden verwüsteten, und eine reiche Beute machten.

Diese Thaten erregten bei Battori so großes Mißtrauen, daß er sich sogleich entschloß, die Kasaken gewissen Gefahren auszusetzen, um ihren Untergang zu versuchen. Sobald die Kasaken diese Absichsichten des Königs erfuhren, schickten sie einige der ältesten von ihnen zu den Donischen Kasaken, um mit ihnen eine Konföderation zu machen. Dadurch wurde die Besorgniß des Königs nicht wenig vermehrt. Denn da die Abgesandten eine günstige Antwort gebracht hatten, so kamen die Kasaken im Vertrauen auf die Unterstützung ihrer Mitbrüder in ihre Besitzungen am Dnepr zurück, und fuhren fort, die Tatarn zu necken. Unterdessen starb Bogdanko; sein Nachfolger ward Podkowa, einer der berühmtesten Kasaken. Aber er behielt seinen Posten nicht lange: denn bald darauf, (im Jahr 1577) übertrugen die Kasaken die Attamanswürde mit seiner Bewilligung dem Schach, der Podkowa'n versprach, ihn mit Hülfe der Kasaken an die Stelle des eben von den Wallachen abgesetzten Peter zum Hospodar der Wallachei zu erheben.

Podkowa besiegte sie zweimal, weigerte sich aber aus Furcht, bei ihnen nicht sicher zu seyn, sie zu regieren. Dennoch konnte er ihnen nicht entgehen. Er fiel in ihre Hände, und ward dem Könige von Polen ausgeliefert, der ihm zu Luwof, wo er sich damals aufhielt, den Kopf abschlagen ließ. Die Kasaken nahmen seinen Leichnam und begruben ihn im Kloster Kannef.

So lang Schach Attaman war, beschäftigten sich die Kasaken nur damit, Podkowa's Tod an den Wallachen durch beständige Streifereien in ihr Land zu rächen, worüber der Sultan der Türken bei dem Könige von Polen Beschwerden anbrachte.

Schach starb im Jahre 1592, und nun wurde Skasolupp einmüthig zum Attaman gewählt; hatte aber das Unglück, von den Türken auf dem Meere gefangen und getödtet zu werden.

Unter

mung, weil sie dem Traktate von Zborow entgegen wäre.

Da nun nach dem mit Polen geschlossenen Traktate, vierzigtausend Kasaken enrollirt werden sollten, so empörten sich diese Völker gegen ihren Attaman, der, um diesen Unruhen Einhalt zu thun, jedem Kasaken die Freiheit ließ, Kasak oder Bauer zu seyn.

In eben dem Jahre fing Chmelnitzki geheime Unterhandlungen mit dem Zaar von Rußland an, der es mit Vergnügen sah, daß die Kasaken geneigt wären, sich unter seinen Schutz zu begeben.

Zu gleicher Zeit theilte Chmelnitzki alle Kasaken in funfzehn Regimenter, deren jedes einen Obersten hatte. Er ließ einen Etat der bei jedem Regimente enrollirten Leute aufsetzen, und schickte eine Kopie davon an den König von Polen.

Diese Liste war folgende:

| Regimenter. | Namen der Obersten. | Anzahl der Kasaken. |
|---|---|---|
| 1. Regim. Tschigirin | Peter Jakubovski | 3189 |
| 2. — Tscherkask | Johann Worolschenka | 2989 |
| 3. — Kaunef | Simeon Jabitzki | 3120 |
| 4. — Korsun | Lucian Mosira | 3472 |
| 5. — Umanskoi | Joseph Gluch | 3830 |
| 6. — Braslavskoi | Daniel Nelschai | 2802 |
| 7. — Kalinskoi | Johann Jedorenko | 2046 |
| 8. — Kanevskoi | Anton Adamovitsch | 2080 |
| 9. — Perejaslapl | Jedko Loboda | 2150 |
| 10. — Kropivanskoi | Filen Dschedscheli | 2053 |
| 11. — Ostianskoi | Timoschka Nosalsch | 1953 |
| 12. — Mirgorod | Maximus Gladki | 3158 |
| 13. — Pultawa | Martin Puschwarenko | 2783 |
| 14. — Neschin | Procop Schumeiko | 983 |
| 15. — Zernigof | Martin Nebaba | 936 |
| | | 37529. |

Außer diesen enrollirten Kasaken gab es auch eine große Menge von Volontairs.

In diesem Jahre begab sich Osman Aga, Gesandter des Großsultans, zu Chmelnitzki, überreichte ihm im Namen seines Herrn einen Säbel, einen Kaftan und einen Kommandostab, und that ihm zugleich den Vorschlag, sich mit der ganzen Kasakischen Nation dem Schutze Polens zu entziehen, und sich dem Türkischen zu unterwerfen. Chmelnitzki, der die genaue Verbindung zwischen dem Chan der Krimm und dem Könige von Polen kannte, gab dem Gesandten aus Besorgniß, sich zwischen zwei Feuern zu befinden, und mit der ganzen Ukraine in die polnische Sklaverei zu gerathen, keine bestimmte Antwort, und suchte durch alle Gründe, die er anführen konnte, nur Zeit zu gewinnen, seine Partei nach den Umständen sicherer nehmen zu können.

Nicht lange hernach kam Nuredin Aga, im Namen des Chans der Krimm, zu Chmelnitzki, um ihn zu bewegen, dem Zaar von Rußland in Verbindung mit ihm und den Polen den Krieg zu erklären. Da nun gerade der Krongroßfeldherr Potozki, der in der Gegend von Kaminieck Podolski campirte, gegen Chmelnitzki schreckliche Drohungen äußerte und ihm das Betragen vorwarf, welches er gegen den Hospodar der Moldau beobachtet hatte, so wurde der Attaman der Kasaken dadurch so sehr aufgebracht, daß er alles anwendete, um den Chan der Krimm in seine Parthei zu ziehen.

Im Jahre 1651 machte der König Casimir von Polen bekannt, daß die Republik sich sogleich zum Kriege rüsten solle.

Unversehends überfielen die Polen den Braslavskoi und das Korps der Kasaken, die er in dem Flekken Krasnoje kommandirte, und hieben ihn mit den

Sei-

Seinigen nieder; Bogun aber, der mit einem andern Trupp von Kasaken über den Bog gesetzt hatte, griff die Polen bei dem Kloster Venetzkoi an, schlug sie, und bemächtigte sich aller Reichthümer.

Da aber die Polen sich bei dem Kloster Venetzkoi von neuem versammlet, und ihr Lager daselbst aufgeschlagen hatten: so eilte der Oberste Gluch mit den Kasaken seinen Mitbrüdern zu Hülfe. Seine Ankunft setzte die Polen in solche Bestürzung, daß sie ihr Lager der Willkühr der Feinde überließen. Auf ihrer Flucht verloren sie den Obersten Kannef in dem Flecken Kuptschinzi.

In diesen Umständen schickte der König von Polen zum Herzoge von Kurland, um ihn um Hülfe zu ersuchen, da er sonst nicht verbunden war, dies außerhalb des Landes zu thun. Um ihn dazu zu bewegen, versprach ihm der König und die Republik durch eine öffentliche Akte anzuerkennen, daß dies nicht aus Schuldigkeit, sondern blos aus gutem Willen und aus Liebe zur Republik geschehen sey, und daß daraus keine Folge für die Zukunft gemacht werden solle. Auch den Kurfürsten von Brandenburg ersuchte er um das Korps Truppen, welches er als Lehnträger der Republik zu stellen hatte. Da ihm dies bewilligt worden: so rückten die Brandenburgischen Truppen unter dem Kommando des General Dönhof in Polen ein. Mit diesen Hülfstruppen war die polnische Armee fast dreihundert tausend Mann stark. An der Spitze dieser schönen Armee rückte Casimir nach Beretez am Flusse Stira, mit dem Entschlusse, die Kasaken anzugreifen, denen er auch den 31sten Jun. 1651 eine Schlacht lieferte. Anfangs stürzten die Kasaken mit Wuth auf die Polen,

len, und richteten ein großes Blutbad unter ihnen an. Doch hielten sich die Polen, und versuchten, im Vertrauen auf die große Menge ihrer Truppen, die Armee der Kasaken und Tatarn zu umringen. Dies gelang ihnen, weil der Chan die Höhen, welche er besetzt hatte, nicht zu benutzen wußte. Die Kasaken und Tatarn wurden gänzlich geschlagen, und das Blutbad, welches sie unter ihnen anrichteten, war so groß, daß der Chan und Chmelnitzki sich mit den wenigen übrig gebliebenen Truppen kaum durch die Flucht retten konnten, und ihr Lager der Macht des Siegers überlassen mußten.

Chmelnitzki, der nach dieser Niederlage höchstens hundert Mann übrig hatte, und also befürchten mußte, in die Hände der Polen zu fallen, wendete alles an, den Chan zu bewegen, ihm zu Hülfe zu kommen.

Da Chmelnitzki sahe, daß der Chan sich mit Polen auszusöhnen, und sich damit so viel Geld als möglich zu verdienen suchte, so bot er ihm alles an, was er hatte, ließ neue Werbungen in seinem Lande anstellen, und formirte eine neue Armee von Kasaken, an der Zahl funfzigtausend Mann, und erhielt überdies vierzigtausend Tatarn als Hülfstruppen, während der König mit den Seinigen nach Warschau zurückgekehrt war.

In diesem Jahre starb der berühmte Fürst Jeremias Wiesnovetzki, der Krongroßmarschall und ein großer Feind der Kasaken war.

Sobald Chmelnitzki seine Truppen wieder zusammengebracht hatte, marschirte er an den Fluß Moslof, wo er noch eine beträchtliche Verstärkung von Kasaken erhielt.

Um eben die Zeit marschirte der Fürst Radzivil, nachdem er bei Lojef einen Sieg über den Obersten Nebaba, Anton und Gorkuschka davon getragen hatte, nach Kiow, und verbrannte die Unterstadt; Chmelnizki hingegen begab sich mit seiner Armee nach Olschana, von wo er bis nach Bielaja = Czerkof hinmarschirte.

Da sich die Krongroßmarschälle in eben der Gegend befanden, so neckten sich beide Armeen unaufhörlich, ohne einen beträchtlichen Vortheil über einander zu gewinnen. Endlich ließen die durch die Strapazen eines langwierigen Krieges ermüdeten Polen dem Haupte der Kasaken Friedensvorschläge thun, und schickten deshalb den Kisieli, Woiwoden von Braslaf und Grabof, Woiwoden von Smolensk als Bevollmächtigte zu ihm; die Kasaken hingegen deputirten den Gonsevski und Gasakowsky, die alle zusammen in das polnische Lager giengen, um über die Friedensbedingungen zu unterhandeln.

Polen verlangte gleich anfangs, daß die Zahl der Kasaken auf zwanzigtausend herab gesetzt werden sollte. Dieser Vorschlag brachte die Kasaken so sehr auf, daß sie den Chmelnizki und die Deputirten ermorden wollten. Chmelnizki wurde daher genöthigt, die Feindseligkeiten fortzusetzen.

Die Hungersnoth und die andern Drangsale, welche die Polen erduldeten, nöthigten viele in ihr Land zurück zu kehren, wodurch die Armee nicht wenig geschwächt wurde.

Diesen

Diesen Umstand benutzte Chmelnitzki, mit den polnischen Generalen wieder in Unterhandlungen zu treten, in der Hofnung, daß er jetzt billigere Bedingungen erhalten würde. Gleich anfangs kam man dahin überein, daß der Traktat von Zborow bei dem jetzigen zur Grundlage dienen sollte; da nun beide Theile den Traktat abgefaßt, und genehmigt hatten, kam Sobieski und Potozki ins Lager des Chmelnitzki, und dieser ins Lager der Polen, um ihn zu ratifiziren, wodurch denn die Ruhe wieder hergestellt wurde.

Sobald der Friede geschlossen war: so nahmen die Polen ihre Winterquartiere in der Ukraine; da sie aber bald öffentlich bald insgeheim beträchtlichen Schaden anrichteten, so beklagten sich die Kasaken über den Chmelnitzki, und seinen Frieden.

Um diesen Beschwerden und diesem Murren Einhalt zu thun, und die Kasaken einigermaßen zu entschädigen; erlaubte ihnen Chmelnitzki sich in der Gegend von Pultawa und Reußen niederzulassen. Um diese Zeit fiengen sie an Kolonien anzulegen, und sich einige Städte zu bauen, als Sumi, Lebedin, Charkow, Achtirka ꝛc., nebst andern Flecken und Wohnplätzen.

Im Frühlinge des Jahrs 1652 schickte Chmelnitzki von neuem zum Hospodar der Moldau, Basilius, um ihm seine Tochter Irena, die er seinem Sohne Timotheus zur Ehe versprochen hatte, abzufordern, mit der Bedrohung, ihn im Weigerungsfall dazu mit Gewalt zu zwingen.

Die Moldauer drangen sehr in ihren Hospodar, darein zu willigen, um nicht ihr Land noch einmal

der

der Plünderung der Kasaken ausgesetzt zu sehen; und machten zugleich dem jungen Kasaken große Lobsprüche. Dennoch konnte sich der Hospodar nicht entschließen, sie ihm zu geben, und schickte daher einen Vertrauten an den König von Polen, um ihn zu bitten, sich dieser Heirath zu widersetzen, und dem Chmelnitzki seine fernere Zudringlichkeiten zu verbieten. Diesemnach gab der König dem Obersten Calinowski Befehl, mit sechstausend Mann Kavallerie und dreitausend Mann Infanterie zu marschiren, und dem Chmelnitzki den Eintritt in die Moldau zu verwehren. Dieser schrieb an den Obersten, und verlangte von ihm zu wissen, was für Ursachen man haben könnte, seinem Sohne bei seiner Heirath hinderlich zu seyn; er hielte den König, seinen Herrn, für zu billig, als daß er glauben könne, daß er ihm diese Ordre gegeben habe, und sich in Sachen mische, die ihn gar nichts angiengen: er ersuche ihn also, sich seinem Marsche nicht zu widersetzen, widrigenfalls er für nichts stehen könne. Calinowski, der seinen eigenen Sohn mit der Prinzeßinn Jrena zu verheirathen gedachte, blieb standhaft. Dies bewog den Kasaken, dem Sohne des Calinowski, der sein Quartier zu Neschin hatte, ein Pferd zu schicken; dem er die Haare und den Schwanz abgeschnitten, und einen daraus gefertigten Zaum aufgelegt hatte, und marschirte mit seiner Armee nach Batora zu, wo die Polen standen. Es kam zum Treffen, und die Polen wurden fast alle niedergehauen. Man brachte Chmelnitzki'n den Kopf des Generals Calinowski, und bald darauf ertrank der Sohn dieses Generals bei Bubnovka, wo er von der Brücke gefallen war.

Nach diesem Siege hieben die Kasaken alle polnische Adliche nieder, die in ihre Hände fielen,

Chmel=

Chmelnitzki marschirte mit den Tatarn bis nach Kaminieck, um die Grenze daselbst zu decken, und seinem Sohne Zeit zu verschaffen, in die Moldau einzudringen, während die Tatarn sich in Polen ausbreiteten, und alle Arten von Ausschweifungen begingen.

Sobald Chmelnitzki's Sohn mit zwölftausend Kasaken in der Moldau eingerückt war, gab ihm der Hospodar seine Tochter sogleich zur Gemahlinn; die Heirath wurde in der Hauptstadt Jassi in Gegenwart der Bojaren, und unter dem Freudengeschrei des ganzen Volks vollzogen.

Nach dieser Heirath schickte Chmelnitzki einen Expressen an den König von Polen, um sich über den General Calinowski zu beschweren, der sich mit seinem Korps der Reise seines Sohnes in die Moldau widersetzt hatte. Gott, sagte er zum König, verwehrt seinen Creaturen weder Wasser noch die gehörige Kleidung: aber Calinowski wollte sich die besten Quellen behalten, und meinem Sohne nur die schlechten lassen; dies hat ihn und alle seine Begleiter aufgebracht. Am Schlusse des Briefes bat er den König um Verzeihung des Vergangenen, und fügte die Erklärung hinzu, daß er nicht Schuld daran sey. Aber der König schickte den Deputirten, ungeachtet aller dieser Entschuldigungen, ohne Antwort zurück.

Diese Zeichen der Verachtung reizten Chmelnitzki's Zorn; er schickte eine zweite Deputation in eben der Absicht. Der Monarch ließ ihn versichern, daß er seine Gnade nicht anders erhalten könnte, als wenn er die Tatarn zurück schicke, und seinen Sohn als Geißel gebe.

Diese

Diese Vorschläge brachten Chmelnitzki'n so sehr auf, daß er, die Hand auf seinen Säbel gelegt, sagte: der soll mich schützen, wenn ihr meine Ruhe stöhren wollt; ich weis und sehe nun, daß alle eure Handgriffe nur darauf abzielen, mich zu verderben: wisset also, daß ich immer die Freundschaft der Tatarn der eurigen vorziehen und ihr meinen Sohn nie zur Geißel erhalten werdet; kaum ist er verheirathet, so sucht ihr ihn durch eure List zu verderben; nein, das soll euch nicht gelingen; sagt dem Könige: er solle den Zborower Traktat, den er eidlich beschworen hat, und den wir mit unserm Blute unterzeichnet haben, treulich beobachten.

Nach der Abreise dieser Deputirten hielt es Chmelnitzki zur Rettung seines Landes für das Beste, sich und die Seinigen unter türkischen Schutz zu begeben, und da Gladki, der Oberst von Mirgorod, und Hulianitzkoi ihm diesen Schritt vorwarfen, und behaupteten, daß es Christen nicht anstehe, sich dem Schutze der Ungläubigen zu unterwerfen, so ließ er den Obersten Gladki enthaupten, und Hulianitzkoi würde eben dies Schicksal erfahren haben, wenn er sich nicht in ein Kloster gerettet hätte.

Im Jahre 1653 schickte der König von Polen, der von den Vorfällen in der Ukraine unterrichtet worden war, den Tschernetzki mit einer Armee, um sie mit Kriege zu überziehen. Der General fing damit an, alles, was er auf seinem Marsche vortraf, zu verwüsten, zu verbrennen, und niederzuhauen. Bogun erhielt Ordre von Chmelnitzki'n, ihm entgegen zu marschiren; er griff die Polen an, schlug sie in die Flucht, und bemächtigte sich ihres Lagers.

Um

Um eben diese Zeit eilte Timotheus Chmelnizki seinem Schwiegervater, dem Hospodar von der Moldau, den der Woiwode Metianskoi, und der ungarische Fürst Ragozi abgesetzt hatten, zu Hülfe, und setzte ihn wieder in seine Würde ein. Da aber Metianskoi und Ragozi ihn von neuem absetzten, so mußte sich Chmelnizki mit seiner Schwiegermutter in die Stadt Gotschawa einschließen, wo er von einer Kanonenkugel getödtet wurde. Sein Leichnam wurde seinem Vater zugeschickt.

Der König von Polen, der nun einmal entschlossen war, die Ukraine zu bekriegen, brachte eine Armee von funfzehntausend Mann zusammen, die zur Hälfte aus Infanterie, zur Hälfte aus Kavallerie bestand, mit denen er nach Swanierz zu marschirte. Chmelnizki ging ihm mit seinen eignen Truppen und mit den Tatarn entgegen und umringte die funfzehntausend Polen, die ohne alle Hülfe und von Hunger und Kälte gepeinigt, auf viertausend Mann zusammen geschmolzen waren. In dieser Noth ließ der König von Polen dem Tatarchan Friedensvorschläge thun, und schickte ihm prächtige Geschenke, verpflichtete sich eidlich, daß er den Traktat von Zborow in allen Punkten beobachten wolle, und gab zwei Senatoren zu Geißeln.

Durch einen so ansehnlichen Tribut glaubte sich der König aus der Gefahr, in welcher er sich mit dem Reste seiner Armee befand, gerettet zu haben: aber der Chan detaschirte, ohne alle Rücksicht auf die Geschenke und Versprechungen des Königs, eine beträchtliche Anzahl von Tatarn, schickte sie nach Litthauen, wo sie ansehnliche Beute machten, und mehr als fünftausend Menschen wegnahmen. Dies geschah

um

um so leichter, da gerade damals einer der vornehmsten Adlichen des Landes Hochzeit machte. Die Tatarn bemächtigten sich aller derer, die dieser Feierlichkeit beiwohnten, und führten sie gefangen mit sich fort.

Jetzt erfuhr Chmelnitzki, daß es dem Könige von Polen durch seine Gesandten und Geschenke gelungen wäre, den Chan von dem Bündnisse mit den Kasaken abzubringen: daß sie den Entwurf gemacht hätten, sich gegen Rußland zu verbinden: daß der König versprochen hätte, die Waffen nicht eher niederzulegen, als bis er den Chan wieder in den Besitz des von den Russen weggenommenen Reichs Astrachan eingesetzt hätte; und daß der Chan diesemnach seinen Truppen befohlen hätte, auf der Rückkehr in ihr Land, bei ihrem Marsche durch die Ukraine alle Kasaken, die sie vorfinden könnten, wegzunehmen, und das ganze Land zu verwüsten.

Um einen so gewaltsamen Sturm abzuwenden, versammlete Chmelnitzki in der Geschwindigkeit alle seine Kasaken, unterrichtete sie von der äußersten überall hereinbrechenden Gefahr, und zeigte ihnen, daß zur Rettung ihres Vaterlandes, ihrer Weiber und Kinder, selbst ihres eigenen Lebens kein anderes Mittel übrig wäre, als sich dem Schutze des rußischen Zaars zu unterwerfen.

Die Kasaken waren damit zufrieden, und man beschloß daher sogleich den Gregorius Hulianitzkoi mit einigen andern, als Bevollmächtigte der Nation, an den Zaar zu schicken, um ihm den Vorschlag zu thun, die Kasaken und überhaupt die ganze Ukraine in Schutz zu nehmen, unter der Bedingung einer völligen Freiheit und der Erhaltung ihrer Privilegien.

Der

Der Zaar nahm dieses Anerbieten an, versicherte sie seines Schutzes, machte ihnen große Geschenke, und ließ sie auf ihrer Rückkehr durch den Bojaren Wasilei Wasiljewitsch Buturlin und mehrere andere Bojaren und Edelleute begleiten, um mit Chmelnitzki und der Nation über alle vorgeschlagene Punkte zu unterhandeln. Sobald diese Gesandten mit Chmelnitzki'n und den Kasaken über alle Präliminarartikel übereingekommen waren, so versprachen sie ihnen im Namen ihres Monarchen, daß sie rußischen Schutz und alle Rechte, Freiheiten und Privilegien ohne Ausnahme genießen sollten. Diese Präliminarartikel wurden am heil. drei Königstage 1654 zu Perejaslavl geschlossen, wohin sich Chmelnitzki und seine Räthe in dieser Absicht begeben hatten.

Die Gesandten des Zaars verlangten von Chmelnitzki und den Kasaken nur ihr Wort, und das eidliche Versprechen, daß sie auf immer unter dem Schutze Rußlands bleiben, dem Schutze Polens auf immer entsagen, und sich gänzlich von aller Verbindung mit dem Tatarchan losmachen wollten.

Der Attaman, seine Räthe und die Kasaken nahmen diese Bedingungen an, und schworen sogleich den verlangten Eid, den nachher auch die übrigen Städte und Flecken ablegten.

Mit diesem Traktate reiseten die rußischen Gesandten zugleich wieder ab, nachdem sie im Namen des Zaars Zobelpelze und andere ansehnliche Geschenke unter die Kasaken vertheilt hatten, die Chmelnitzki und die Kasaken ihrerseits durch Liebkosungen erwiederten.

Mit dem Monate Februar schickte Chmelnitzki an den Zaar eine Namenliste von allen Kasaken, und ein

die

die Freiheiten seiner Nation betreffendes Memoire zur Ratifikation für sich und seine Nachkommen. Dieses Memoire überbrachten der Oberrichter Samuel Bogdanov, Paul Peter, der Oberste von Perejaslavl und andere ihnen zugesellte Personen. Der Zaar nahm sie sehr gnädig auf, bestätigte alles, was sie verlangten, erklärte, daß sie eben die Rechte genießen sollten, welche die Russen hätten, und ließ ihnen folgendes Patent darüber ausfertigen:

1. Die Kasaken sollen ihre ehemaligen Freiheiten, Rechte und Justizhöfe haben, d. h. sie sollen künftig, wie ehedem von ihren Aeltesten und deren Räthen gerichtet werden, ohne daß die Bojaren, Woiwoden oder irgend ein anderer rußischer Großer sich darein mischen könne.

2. Stirbt ein Kasak, und hinterläßt er Güter: so sollen seine Schwestern, seine Frau, seine Kinder oder nächsten Verwandten, die Erben seyn, ohne daß ihnen etwas von der Erbschaft abgezogen, oder den Rechten, die ihnen ihre Fürsten und die Könige von Polen zugestanden haben, Eintrag geschehe.

3. Der Patriarch von Moscau soll weder über den Metropoliten von Kiow, noch seine Geistlichkeit irgend eine Jurisdiktion ausüben.

4. In den Städten der Ukraine sollen Einnehmer angestellt werden, die das Geld und Getreide, welches der Zaar als Revenüen ziehet, einsammlen sollen.

5. Von diesen Revenüen sollen sechzehntausend enrollirten Kasaken jedem jährlich drei Rubel gegeben werden; der Attaman soll tausend Dukaten bekommen, und die Stadt Tschigirin mit Zubehör erhalten; auch sollen die Räthe des Attamans, die Aeltesten, Obersten und Sotniks oder Hauptleute von

hundert Kasaken jeder ein ihrem Range anständiges Gehalt bekommen.

6. Der Attaman soll keine Gesandten von andern angrenzenden Mächten, noch von Korsun (jetzt Cherson) annehmen, sollten deren aber von ungefähr kommen, sie an den Zaar schicken.

7. Hingegen soll auch der Attaman keine Gesandten an andere Mächte schicken, ohne vorher den Zaar um Erlaubniß ersucht zu haben.

8. Der Attaman soll fernerhin alle genaue Verbindung mit dem Tatarchan aufgegeben, und blos seine Freundschaft zu erhalten suchen, um zu verhindern, daß die Tatarn nicht Verwüstungen anrichten.

9. Nach dem Tode eines Attaman sollen die Kasaken die Freiheit haben, einen andern an seine Stelle zu wählen, und von seiner Wahl dem Zaar Bericht abstatten, der ihm dann den Kommandostab, eine Fahne und ein Beglaubigungsschreiben zusenden wird.

10. Der Attaman soll die Revenüen des Regiments von Tschigirin genießen, und die Stadt mit allem Zubehör besitzen.

11. Die Kasaken sollen völlige Freiheit und alle ihre Rechte genießen, ohne daß der Zaar oder seine Nachfolger ihnen etwas davon entziehen können. Sie sollen sich selbst nach ihren Gewohnheiten und Gesetzen regieren, und alles in ihrem Lande anordnen, ohne daß irgend jemand aus Rußland sich darein mischen solle.

Da der König von Polen und der Tatarchan Nachricht erhalten hatten, daß Chmelnizki sich dem Zaar von Rußland unterworfen habe, so beschlossen sie allen beiden den Krieg anzukündigen. Sobald Chmelnizki dies erfuhr, so gab er sogleich dem Zaar Nach-

Nachricht davon. Dieser ließ seine Truppen in zwei Korps versammlen; wovon eines unter dem Kommando des Chovanzki nach Litthauen marschirte, das andere aber unter Buturlins Kommando zu Chmelnizki'n stoßen sollte. Dieser ließ unterdessen zehn Regimenter und eine Menge freiwilliger Kasaken unter dem Kommando des Johann Solotarenko als Vice-Attaman nach Smolensk marschiren, um sich hier mit den Truppen des Zaars zu vereinigen.

In eben diesem Jahre gelang es den Truppen des Zaars sich Smolensk zu bemächtigen.

Während dieses glücklichen Erfolgs verließ der Zaar Moskau, wo die Pest ausbrach, und begab sich nach Wiasma.

Chmelnizki, der mit seinen Kasaken bei Jaslof stand, erhielt sowohl für sich als seine Armee den Sold in Kopeken und Dukaten, und zwar in Säcken, worauf das kaiserliche Siegel gedruckt war.

In eben dem Feldzuge bemächtigte sich der Vice-Attaman Solotarenko der Städte Gomle und Novoi-Buikof, wofür er von dem Zaar große Geschenke erhielt.

Der Fürst Radzivil, Feldherr von Litthauen, drang mit den Truppen in die Provinz dieses Namens, um die Fortschritte der siegreichen rußischen und kasakischen Armee aufzuhalten. Als der Zaar dies erfuhr, gab er seiner und des Solotarenko's Armee Befehl, ihm entgegen zu marschiren. Beide Armeen begegneten sich bei dem Flusse Beresina. Radzivil, der nicht im Stande zu seyn glaubte, mit der Armee auszuhalten, ward in die Flucht geschlagen, und bis ins Innere von Litthauen verfolgt, wo die

die Armee des Zaars und der Kasaken mehr als zweihundert Städte und Flecken wegnahm, Witepsk in Kontribution setzte, und Wilna verbrannte. Nach diesen kriegerischen Thaten kehrte der Zaar in seine Hauptstadt zurück, und nahm in Gegenwart seines Hofes die Titel: Zaar und Selbstherrscher von Groß-, Klein- und Weißrußland an.

Die Kasaken, die unter dem Kommando des Solotarenko Litthauen von einem Ende zum andern verwüstet hatten, kamen in die Gegend der Stadt Starii-Buikof zurück, wo sie ihren Kommandeur verloren, der von einer Flintenkugel getödtet ward. Sein Leichnam sollte in der von ihm erbauten Kirche zu Korsun beerdigt werden: da aber gerade bei dem Begräbnisse Feuer in der Kirche ausbrach, so verbrannte Solotarenko's Leichnam nebst dem größten Theile der Geistlichkeit und der übrigen Anwesenden.

In eben dem Jahre schickte der König von Polen hunderttausend Goldgülden an den Tatarchan, um ihn zu einem Einfalle in die Ukraine zu bewegen; der auch sogleich mit seinen Tatarn in die Ukraine einfiel, wo sie auf ihren Streifereien Solotarenko's Nachfolger, Tomilenko, antrafen, und niedermachten.

Im Jahre 1655 versuchten die Polen in Verbindung mit den Tatarn, im strengsten Winter, die Obersten Chmelnitzki, Braslavskoi, Selenskoi, Venetzkoi, Bogun und Podmestranzkoi, die sich damals zu Ulman befanden, anzugreifen: aber diese bahnten sich durch die Feinde einen Weg, und entkamen ihm glücklich. Darauf suchten die Polen und die Tatarn den Chmelnitzki anzugreifen, der seine Kasaken in den Ebenen, die nachher den Namen Drischipole bekamen, gesamm-

gesammlet hatte. Sie umringten ihn von allen Seiten, um ihm alle Verbindung und alle Gelegenheit zum Rückzuge abzuschneiden, und drangen dann so lebhaft auf ihn ein, daß sie sogar bis zu den Verschanzungen kamen, welche die Kasaken mit ihren Schlitten gemacht hatten. Da sie bis hieher gekommen waren, legten die Kasaken ihre Säbel weg, bewaffneten sich mit den Deichseln, stießen die Polen und Tatarn nieder, und machten sich dadurch eine Brustwehr von Leichnamen, die sie übereinander legten. Da jedoch Chmelnitzki, der nebst seinen Truppen den Durst mit Schnee löschen mußten, sah, daß er aus Mangel an Proviant nicht länger aushalten könnte, daß er von allen Seiten eingeschlossen wäre, und die Feinde ihn lebendig gefangen zu nehmen wünschten, so that er seinen Truppen den Vorschlag, sich durch die Feinde durchzuschlagen, der auch sogleich angenommen wurde. Die Kasaken stellten sich in ein Quarree; die, welche den Feinden am meisten ausgesetzt waren, vertheidigten sich und ermordeten sie mit Schlittendeichseln, während die übrigen ihren Säbel so gut als möglich brauchten. Dadurch bahnten sie sich einen Weg mitten durch ihre Feinde, und zogen sich in guter Ordnung nach Biela-Czerkof, oder Puschkarenko zurück, wo neue Truppen zu ihnen stießen.

Nach einer so starken Niederlage erlaubten die Polen den Tatarn, sich nach Hause zu begeben, in der Ukraine alles, was sie nur könnten, zu verwüsten, und alle Kasaken, die in ihre Hände fallen würden, gefangen wegzuführen.

Chmelnitzki hingegen bewog den Bojar Wasilei Wasiljewitsch Buturlin, seine Truppen mit den seinigen

nigen zu vereinigen, und den Polen entgegen zu gehen, um die Verwüstung, die sie in der Ukraine anzurichten gedachten, zu verhüten. Wirklich begaben sie sich mit ihren Truppen nach Kaminieck Podolski, Lwof, Samostie und von da nach Lublin; bemächtigten sich dieser Stadt, plünderten sie, und nahmen von da große Reichthümer mit sich hinweg. Da sie aber zugleich erfahren hatten, daß die Polen unter Anführung der beiden Feldherrn über den Wisla gehen wollten: so giengen sie selbst über diesen Fluß, und hier kam es zwischen beiden Armeen zu einer Schlacht, worin die Polen in die Flucht geschlagen wurden. Nach diesem Gefechte marschirten die Kasaken und Russen wieder in die Ukraine.

Auf diesem Rückmarsche fand Chmelnitzki den Tatarchan am Flusse Oserna: dieser griff ihn an, da er aber die Hoffnung aufgab, ihn zu überwinden, so lud er ihn zu einer Konferenz ein, worin er ihn durch die vortheilhaftesten Anerbietungen von den Russen abwendig zu machen versuchen wollte. Chmelnitzki nahm den Vorschlag unter der Bedingung an, daß der Chan ihm zwölf vornehme Offiziere zu Geisseln schicken sollte. Sobald diese angekommen waren, begab sich Chmelnitzki in Begleitung einiger vornehmen Kasaken zum Chan. Da dieser ihn aber daraus einen Vorwurf machte, daß er sich unter russischen Schutz begeben hätte, ein Schritt, den er zu spät bereuen würde; so warf ihm Chmelnitzki seiner Seits vor, daß er alle seine Verpflichtungen gegen die Kasaken nicht erfüllet hätte, daß man sich auf seine Allianz nicht verlassen könne, weil er sie nur immer dem Meistbiethenden verkaufe. Hierauf zeigte er ihm umständlich, was für Schaden er den Kasaken wäh-

während ihres gegenseitigen Bündnisses gethan habe, warf ihm den heimlichen Traktat mit Polen vor, zufolge dessen die Ukraine ganz verwüstet werden sollte, wenn er nur wieder als Regent von Astrachan eingesetzt würde, und zeigte ihm, wie unwürdig sich sein Vorfahr gegen ihn betragen, da er die Kasaken bei Berestezko verlassen habe. Der Chan, der über diese Vorwürfe aufgebracht war, drohte alles zu versuchen, um ihn und seine Nation zu verderben. Chmelnitzki ließ sich aber weder durch seine Versprechungen, noch durch seine Drohungen bewegen, sondern verließ ihn trotzig, kehrte in sein Lager, und schickte ihm seine Geißeln zurück.

Von da begab sich Chmelnitzki, in Begleitung des Bojaren Buturlin, nach Tschigirin, um die dringendsten Geschäfte der Ukraine in Ordnung zu bringen.

Nach diesen Anordnungen wurde beschlossen, alle obern Officiere und Räthe der Ukraine im Jahre 1656 zu versammeln und dem Zaar dafür zu danken, daß er sie in seinen mächtigen Schutz genommen, gegen die Unternehmungen ihrer Feinde sicher gestellt, und ihnen ihre Privilegien und Freiheiten wieder gegeben habe; hierauf ersuchte man ihn, diesen Schutz noch ferner zu gestatten, und festzusetzen, daß ihre Privilegien durch seine Nachfolger nicht sollten unterdrückt werden können.

Nach so viel glücklichen Unternehmungen, und nachdem die Angelegenheiten der Kasaken aufs Beste angeordnet waren, fühlte sich Chmelnitzki durch die Strapazen des Krieges, und durch sein Alter so sehr geschwächt, daß er nun die übrigen Tage seines Lebens in Ruhe zuzubringen beschloß. Aber kaum fing er an die Annehmlichkeiten eines stillen Lebens zu genießen, als der König von Schweden ihn um Hülfstruppen ersuchen ließ. Chmelnitzki schickte ihm ein Korps Kasaken unter dem Kommando des Obersten von Kiow, Anton Adamowitsch. Mit dieser Verstärkung eroberte der König Warschau und Krakau, wo er die Schätze des Königs von Polen und die Reichthümer des größten Theils der polnischen Adelichen fand. Chmelnitzki schickte hierauf im Namen der Kasaken und mit Bewilligung des Zaars Deputirte an den König von Polen, um ihn zu bewegen, Bevollmächtigte an die Grenzen von Polen zu schicken, und zum Behufe des Handels die Grenzen zu reguliren. Der König nahm diesen Vorschlag an, und schickte deshalb die Senatoren Liaskowski und Kisielidahin ab. Man kam nun beiderseits dahin überein, daß die Ukrainischen Grenzen sich südlich von Liman bis Oczakow, und nördlich von der Mündung des Dnepr bis an die Quelle des Dniestrs, von da bis nach Gorena, von hier bis an die Quelle des Pripiatok, von da nach Buikof und über den Dnepr, bei Nassosch bis an den Distrikt von Smalensk erstrekken sollten.

Einige Zeit darauf und in eben dem Jahre schrieb der deutsche Kaiser an Chmelnitzki'n sehr dringende Briefe zum Besten des Königs und der Republik Polen. Auch schrieb ihm der Primas von Polen, und suchte ihn zu überzeugen, daß er früh oder spät in dem Könige von Schweden einen mächtigen Feind finden würde, wenn er seine Unternehmungen länger begünstigte, und ihn in Polen zu mächtig werden ließe, daß der König sich nicht mit Polens Eroberung begnügen, sondern seine siegreichen Waffen

auch

auch gegen die Ukraine wenden würde. Durch diese Betrachtungen bewogen, bäten ihn nun Se. kaiserliche Maj. und der Primas, neutral zu seyn, und, wenn er sich nicht gegen den König von Schweden erklären wolle, ihm doch nicht mehr Hülfe zu leisten. Diese Briefe thaten ihre Wirkung; Chmelnitzki schickte den Schweden keine Hülfstruppen mehr, und ließ seinen Sohn Georg Chmelnitzki, an den Fluß Taschlik marschiren, um die Ukrainer Grenze zu decken. Jetzt suchten die Polen so viel möglich, Truppen zusammen zu bringen, um die Schweden aus den Staaten der Republik zu vertreiben.

Im Jahre 1657 sahen sich die Schweden, auf die Nachricht, daß der König von Dännemark in Schweden gelandet sey, genöthigt, Polen zu räumen, und alle gemachten Eroberungen aufzugeben. Diese Streitigkeiten zwischen Schweden und Dännemark wurden erst zwei Jahre nachher durch den berühmten Traktat von Oliva geendigt.

In diesem Jahre meldete der römisch- und türkische Kaiser dem Chmelnitzki, daß König Casimir der Republik Polen gerathen hätte, nach seinem Tode den Zaar von Rußland an seine Stelle zu wählen, um durch die Vereinigung beider Staaten unter einem Monarchen die Streitigkeiten und verdrießlichen Kriege zu verhüten, denen Polen beständig ausgesetzt sey. Sie stellten dem Chmelnitzki vor, was für einen wichtigen Fehler er darin gemacht habe, daß er den ersten dieser für Polen so verderblichen Kriege angefangen häte, deren schlimme Folgen sich bald oder spät auf die benachbarten Mächte erstrecken würden, und daß endlich Polen, wenn es einmal mit Rußland vereinigt wäre, ein schrecklicher Koloß werden würde,

würde, dem er selbst vermittelst der Tyrannei des Zaars würde unterliegen müssen: daß es noch Zeit sey, einem so verdrüßlichen Eräugnisse zuvor zu kommen, wenn er alle Verbindung mit Rußland aufgebe; auch versicherten sie, daß sie ihrerseits alles anwenden würden, die Ausführung eines so gefährlichen Entwurfs zu hindern, und ermahnten ihn, ernsthaft darüber nachzudenken; mit der Aeußerung, daß er, wenigstens nach ihrer Meinung, keinen andern Entschluß fassen könne, als sich mit den Polen zu vereinigen, und mit ihnen die Russen zu bekriegen.

Diese traurige Nachrichten machten auf Chmelnitzki'n den stärksten Eindruck. Er hatte sich eingebildet, daß er durch den Traktat mit Rußland seinem Vaterlande eine beständige Ruhe und völlige Freiheit verschaft hätte, und sahe jetzt nicht nur, daß er geirrt hätte, sondern sah auch die schrecklichen Folgen, die daraus entspringen könnten. Wenn er andrerseits über den Eid der Treue nachdachte, den er und die Seinigen dem Zaar geleistet hatten, und die Hoffnung aufgab, die Kasaken zu einem völligen Bruche zu bewegen, so ärgerte er sich darüber so sehr, daß er gefährlich krank wurde.

Da der türkische Kaiser aus dem Stillschweigen Chmelnitzki's, dessen Verstellungskunst er kannte, schloß, daß er nichts mehr von ihm zu hoffen hätte, faßte er den grausamen Entschluß, ihn vergiften zu lassen. In dieser Absicht schickte er einen Polen, der unter dem Vorwande, seine Tochter zur Ehe zu begehren, ein Mittel fand, ihn zu tödten. Da Chmelnitzki die Wirkungen des Gifts empfand, und fühlte, daß er nur noch wenige Tage zu leben hätte; ließ er alle Obersten, Räthe, und die vornehmsten Kasaken zu

Tschi

Tschigirin zusammen kommen. So bald sie bei einander waren, stellte er ihnen die Gefahren und Beschwerden vor, denen er sich ausgesetzt hätte, um sein Vaterland vor den Beschimpfungen und den Unternehmungen der Polen zu bewahren, oder es dagegen zu vertheidigen, und redete sie unter andern mit folgenden Worten an: Jetzt danke ich Euch für Euren Gehorsam und für die Hülfe, die ihr mir immer und vorzüglich in unsern Kriegen erzeigt habt; in Eure Hände gebe ich die Würde zurück, womit Ihr mich beehrt, und die Macht, die Ihr mir anvertraut habt. Die Empfindungen der Natur und die Liebe für meinen Sohn, sollen mich nicht bewegen, ihn Euch zu meinem Nachfolger vorzuschlagen; seine zu große Jugend, seine wenige Erfahrung erlauben ihm nicht, auf eine so hohe Würde Anspruch zu machen. Ihr habt unter Euch Häupter von einer vollkommenen Erfahrung, die sich bei allen Gelegenheiten durch ihren Muth ausgezeichnet haben, wie z. B. den Obersten von Perejaslavl, Peter, den Obersten von Pultawa, Puschkar, und den Generalsekretär Johann Wigowski. Auf einen von diesen müßt Ihr bei der Wahl, vorzüglich bei den jetzigen mißlichen Umständen Eure Augen werfen. Ihr müßt zugleich einen weisen, muthigen, thätigen und mit der Kenntniß des Krieges und der Politik versehenen Mann haben. Macht mir das Vergnügen, meinen Nachfolger bei Lebzeiten zu ernennen, damit ich in seine Hände die Zeichen der Attamanswürde überliefern, und ihm vor meinem Tode noch die zur rühmlichen und vortheilhaften Verwaltung dieser Stelle nöthigen Lehren geben könne.

Die Kosaken antworteten ihm; sie wären von Erkenntlichkeit für die wichtigen Dienste, die er ihnen jederzeit geleistet hätte, viel zu lebhaft durchdrungen, als daß sie ihm nicht einen Nachfolger aus seinem Geschlechte geben sollten, der gewiß der Erbe aller seiner Talente und Tugenden seyn würde; sie würden es daher für ein Verbrechen halten, irgend einen andern als seinen Sohn zu ernennen, und wenn er wegen seiner Jugend und seiner wenigen Erfahrung noch nicht selbst regieren könne, so dürfe er sich nur einen Rathgeber wählen, bis Alter und Erfahrung ihn in den Stand setzen würden, selbst zu regieren.

Chmelnitzki, gerührt durch diese Rede, und die günstige Denkungsart der Kasaken gegen seinen Sohn, ließ ihn zu sich kommen, übergab ihm allen Schmuck der Attamanswürde mit den nöthigen Dokumenten, ertheilte ihm die nöthigen Rathschläge, und starb, nachdem er sich noch vorher mit seinem ersten Sekretär Wigowski einige Zeit unterhalten hatte, den 15ten August Nachmittags.

Sobald sich das Gerücht von seinem Tode ausgebreitet hatte, versammlete sich eine unzählige Menge Kasaken um seinen Pallast, um gemeinschaftlich den erlittenen Verlust zu beweinen. Seinen Leichnam brachte man von Tschigirin nach Subotof, wo er in der von ihm erbaueten Kirche mit allen militairischen Ehrenbezeugungen beerdigt wurde. Man kann von ihm behaupten, daß er der gerechteste und würdigste Attaman war, den die Ukraine je gehabt hat; er war weise, klug, vorsichtig, und an die beschwerlichsten Strapazen, an Frost und Hitze, Hunger und Durst gewöhnt. Seine Vaterlandsliebe war so groß, daß er sich, wenn es die Umstände erforderten, die nöthigste Ruhe abbrach, immer der erste in der Schlacht, der letzte beim Rückzuge, kurz ein vollkommener

mener Mann war, wie ihn die damaligen Umstände nöthig machten.

Nachdem man dem Vater die letzte Ehre erzeigt hatte, versammlete der Sohn die Räthe, Obersten und vornehmsten Kasaken, und legte ihnen die Bewegungsgründe vor, warum er sich seiner Würde freiwillig begebe. „Meine Jugend, und meine wenige Erfahrung in den Geschäften, sagte er zu ihnen, nöthigen mich, die mir von Euch übertragene Würde wieder zurück zu geben, mit der Bitte, einen Mann zu wählen, der mehr als ich im Stande sey, die Nation zu regieren, und ihre Geschäfte zu besorgen; was mich betrift, so werde ich mich befleißigen, mich unter ihm durch meinen Eifer und durch meinen Gehorsam zu bilden."

Eine solche Rede in dem Munde eines Jünglings überraschte die Versammlung, änderte aber ihren Entschluß nicht; man nahm seine Dimißion nicht an, und nöthigte ihn, die ihm bei Lebzeiten seines Vaters einmüthig übertragene Regierung anzunehmen und zu behalten. Alles, was man ihm bewilligte, war dies, daß man ihm den Sekretär Wigowski zum Rathgeber gab, unter der Bedingung, daß derjenige von ihnen beiden, der in den Krieg ziehen würde, die Zeichen der Attamanswürde tragen sollte. Indessen waren die Aussichten sehr schwürig. Der junge Attaman, der entweder aus Briefen, die er unter den Papieren seines Vaters gefunden hatte, oder vielleicht noch aus der mündlichen Unterredung mit ihm, kurz vor seinem Tode von den Unruhen unterrichtet war, die unter der Nation Zwiespalt zu erregen drohten, versammlete ein beträchtliches Korps von Saporoger Kasaken, nahm eine Million Geld, die sein Vater hinterverlassen hatte, unterhandelte mit den polnischen Gesandten, und fieng nun an, etwas gegen den Zaar zu unternehmen.

Um diese Zeit erhielt der Kurfürst von Brandenburg, Friedrich Wilhelm, der sich die unglücklichen für Polen verderblichen Kriege zu Nutze zu machen wußte, durch den Traktat von Welau die Souveränität über Preußen, und durch den Traktat von Bromberg die Distrikte Lauenburg und Bütow zu Lehn, und die Stadt Elbing als Hypothek für eine beträchtliche Summe, die er Polen vorgeschossen hatte.

Im folgenden Jahre 1658 unterrichtete der Kommendant von Pultawa, Oberst Puschkar, der von dem Verständnisse des jungen Chmelnitzki mit der Republik Polen Nachricht erhalten hatte, den Zaar davon, der sogleich den Bojaren Bogdad Matvejewitsch Chitrow in die Ukraine schickte, um sich von der Wahrheit zu überzeugen. Dieser wandte sich an den Sekretär Wigowski; dieser aber wußte den Zustand der Staatsangelegenheiten dem Gesandten so zu verschleiern, und sich von den dem jungen Chmelnitzki Schuld gegebenen Intriguen loszumachen, daß ihm der Gesandte die Würde eines Attaman übertrug. Da Puschkar dies alles erfahren hatte, brachte er zwanzigtausend Kasaken zusammen, mit denen er von Jaroslav nach Lubna gieng. Chitrow folgte ihm auf dringendes Bitten des Wigowski, und befahl ihm im Namen des Zaars, zurück zu kehren, welches denn auch geschah.

Wigowski ließ dem Zaar sagen, daß die Polen, die ihm versprochen hätten, ihn zum Nachfolger ihres jetzigen Königs zu wählen, deshalb verschiedene Schwürigkeiten erregten; alle ihre Versprechungen hätten

aber

aber keine andere Absicht, als Zeit zu gewinnen, und sich in den Stand zu setzen, eine neue Armee zu werben, um ihre ehemaligen Entwürfe auszuführen, wozu sie schon den Fürsten von Siebenbürgen, Ragozi, auf ihre Seite gebracht hätten. Auf diese Nachricht schickte der Zaar sogleich Gesandte an den König und an die Republik, um in sie zu dringen, ihre Versprechungen zu erfüllen, und sogleich zur Wahl zu schreiten, widrigenfalls er sich in der verdrießlichen Nothwendigkeit sehen würde, sie mit den Waffen in der Hand dazu zu zwingen. Die Polen nahmen die Gesandten des Zaars mit den größten Ehrenbezeugungen auf; nach mehrern Konferenzen stellte man ihnen vor, daß diese Wahl immer gestöhrt werden würde, so lange nicht zwischen Polen und Schweden Friede geschlossen wäre, daß sie aber, sobald die Angelegenheiten beider Mächte durch einen festen Traktat in Ordnung gebracht wären, an die Erfüllung ihres Versprechens ernstlich denken würden.

Bald darauf schickten die Polen auch Gesandte an den Wigowski, um ihn in der Attamanswürde zu bestätigen, mit der Bitte, immer so klug als möglich fortzufahren, den Zaar hinzuhalten, und mit dem Versprechen, daß die mit ihm und Chmelnitzki durch Wereschtschaka und Sulima zu Hadiatsch geschlossene Traktate einst treulich beobachtet werden sollten. Wigowski, der den Kommendanten von Pultawa, den oben genannten Puschkar, für ein beständiges Hinderniß seiner Entwürfe ansah, beschloß, sich seiner Person zu bemächtigen. In dieser Absicht schickte er die beiden Regimenter von Neschin und zwei von Starodub gegen ihn; aber der Oberste, der immer auf seiner Hut war, vertheidigte sich so gut, daß er die vier Regimenter

menter gänzlich schlug, sich ihrer Offiziere bemächtigte, und sie dem Zaar als Gefangene zuschickte.

In diesem Jahre hielten die Polen einen Reichstag zu Warschau über die Angelegenheiten der Ukraine, und bestätigten auf demselben folgende Artikel, die man den Kasaken mittheilte:

1. Sie sollten auf immer von aller Verbindung mit der polnischen Kirche frei seyn.

2. Der Metropolit von Kiow sollte nebst seiner Geistlichkeit in dem Senate, und zwar neben dem Erzbischofe von Gnesen sitzen.

3. Die Truppen, die sie künftig auf den Beinen halten würden, sollten aus sechzigtausend enrollirten Kasaken bestehen.

4. Sie sollten immer ihren Attaman aus ihrer Nation wählen.

5. Auch sollte der Woiwode von Kiow wahlfähig und zugleich Senator seyn.

6. Polen sollte nie etwas zum Nachtheile ihrer Kirchen noch ihrer Klöster unternehmen, und sie sollten die Freiheit haben, sich nach Gefallen Priester zu wählen.

7. Sie sollten ihre Akademien haben, und sich die Lehrer selbst wählen dürfen.

8. Sie sollten ihre Kanzlei und Druckerei an einem beliebigen Orte haben.

9. Zu Kriegszeiten sollte es ihnen frei stehen, zu den Polen zu stoßen, oder neutral zu bleiben.

10. Bis zu einem Definitivfriedensschlusse sollte eine allgemeine Amnestie statt finden.

11. Die ganze Ukraine sollte nur den von ihr gewählten Attaman für ihr Oberhaupt halten.

12. Um die gute Gesinnung Polens gegen sie noch mehr zu bestätigen: sollten sich der König und

die

die Republik verpflichten, hundert adliche Polen der ersten Familien in die Ukraine zu schicken, die blos von dem Attaman abhängen sollten.

13. Der Attaman sollte das Recht haben, in seinen Landen Münze schlagen zu lassen.

14. In allen wichtigen Angelegenheiten sollten die Polen die Kasaken zu Hülfe rufen, um mit ihnen darüber zu berathschlagen.

15. Endlich sollte Polen sein möglichstes thun, um ihnen einen Kanal oder Fluß machen zu lassen, wodurch sie Kommunikation mit dem schwarzen Meere erhielten.

Dies sind die verschiedenen Artikel, worüber Wigowski mit den Polen übereinkam: aber die Klügsten sahen darin mehr Feinheit und List, als Treue und Redlichkeit von Seiten der Polen, und glaubten, daß man durch die Ratifikation dieses Traktats ihnen sogar die Hoffnung, worauf sie sich gründeten, zu entreißen suche. Nach der Ratifikation erklärte sich Wigowski gänzlich gegen den Zaar, und marschirte sogleich mit einem Korps polnischer und tatarischer Truppen gegen den dem Zaar treu gebliebenen Obersten Puschkar. Anfangs griff er ihn mit den Kasaken allein an: da er aber von ihm so geschlagen wurde, daß er sogar in der Unordnung seinen Kommandostab verlohr, so stürzten die polnischen und tatarischen Truppen auf ihn los, worauf er denn seinerseits geschlagen und getödtet wurde, - so daß Pultawa in die Hände der Sieger fiel, die es plünderten.

Nach diesem erhaltenen Vortheile marschirte Wigowski gegen die Stadt Sinkof, belagerte und eroberte sie, machte darin den Vice-Attaman Silka, seinen Rival, zum Gefangenen und bemächtigte sich kurz nach einander mehrerer Städte und Flecken, als

Liutenka, Sorotschinza, Baranovka, Obuchof, Bogatsch-
ka, Ustiviza, Jaresk, Weprick ꝛc. die der Plünderung
und Verwüstung seiner Tatarn überlassen wurden.

Auf die Nachricht von den Feindseligkeiten des
Wigowski ließ der Zaar gegen ihn den Gregorius
Gregoriowitsch Romodanovski mit einer Armee von
zwanzigtausend Mann marschiren, die von einigen
Regimentern der an der Grenze wohnenden und dem
Zaar treu gebliebenen Kasaken verstärkt wurde. Ihr
Attaman, Johann Bespaloi und Barabasch, komman-
dirten die Saporoger Kasaken, die den Wigowski
aufsuchten, und unterwegens die Städte Lubna, Pira-
tin, Tschornuchin, Goroschin nebst mehrern andern
verwüsteten. Auch hatten sie Warwa belagert, wo
sich der Oberste von Neschin, ein Anhänger Wigowski's eingeschlossen hatte, mußte aber die Belagerung
wegen der strengen Kälte aufgeben. Romodanovski
nahm sein Winterquartier zu Lochviza, und der Attaman zu Romni.

Im folgenden Jahre 1659. schickte der Zaar
den Iskra als Kommandeur zur Armee des Fürsten
Romodanovski; er wurde aber, ehe er noch zu ihm
stoßen konnte, bei Lochviza getödtet. Sobald der
Winter vorbei war, belagerten die Russen unter dem
Kommando des Fürsten Trubetzkoi Konotop, wo Hulianizkoi sich eingeschlossen hatte. Sobald Wigowski
dies erfuhr, eilte er mit den polnischen und tatarischen Truppen zu seinem Entsatze herbei, fiel die Russen bei Putimle unversehends an, tödtete eine gros-
se Menge derselben, und zerstreuete die übrigen.

Nach diesen Niederlagen faßte Georg Chmelnizki den Entschluß, sich mit der Angelegenheit des
Vaterlandes zu beschäftigen. In dieser Absicht
schickte

schickte er den Johann Bruchowezki in die Setscha der Saporoger Kasaken, und ließ ihnen vorstellen, daß Wigowski, gegen die Absicht der Kasaken, das ihm allein bewilligte Ansehen eines Attamans an sich gerissen habe, und ohne ihr Wissen misbrauche.

Da die Kasaken am Dnepr, Bog und in andern Gegenden der Ukraine erfuhren, daß Wigowski bei dem Abfalle vom Zaar mit den Polen Friedensunterhandlungen gepflogen hätte, daß er selbst die Ukraine verwüste, und den Tatarn Erlaubniß dazu gegeben habe, und es nicht länger leiden wollten, daß man so viele Kasaken zu Sclaven mache, so versammelten sie sich wieder zu Braslavl zur Wahl eines Attaman, wozu Georg Chmelnitzki von neuem ernannt wurde.

In diesen Umständen ermordeten die Kasaken die gedachten Wereschtschaka und Sulima, welche sie auf dem Wege antrafen, da sie gerade die Verträge den zu Hadiatsch versammleten Deputirten überbrachten. Da Wigowski, der auf der andern Seite des Dnepers kampirte, bemerkte, daß die Kasaken in Verbindung mit ihrem Attaman die Partei des Zaars von neuem ergriffen hätten, begab er sich seiner Würde, und rettete sich nach Polen.

Der König und die Republik Polen, welche noch nicht die Hofnung aufgaben, die Kasaken wieder auf ihre Seite zu ziehen, schickten den Kastellan von Vollhynien mit einem Diplom zu Chmelnitzki, wodurch er in seiner Attamanswürde bestätigt wurde: Da aber Chmelnitzki überlegte, wie schwach jetzt Polen wäre, so zog er den Schutz des Zaars dem polnischen vor, und gab sogar ausdrückliche Befehle, alle Polen, welche durch Wigowski dahin gekommen waren,

ren, aus der Ukraine zu vertreiben, und alle, welche nicht weichen wollten, niederzuhauen. Der Oberste von Perejaslavl, Zezera, der diesen Auftrag erhielt, führte ihn so gut aus, daß er alle Polen verjagte, ihnen fünf Standarten wegnahm, die er nach Neschin schickte, und zu Tschernigof und mehrern andern Städten eine große Menge derselben niederhieb.

Chmelnitzki begab sich in Gesellschaft mit dem Kommandeur der Saporoger Kasaken nach Tschigirin, wo er Wigowki's Frau fand, die er ihrem Gemahl nach Polen zuschickte. Hierauf unterwarf sich Chmelnitzki nebst dem Kasakenhauptmanne, dem Zaar, der ihn durch den Bojaren und Fürsten Trubetzkoi, den er deshalb nach Tschigirin schickte, in seiner Würde bestätigte.

Chmelnitzki war nicht sobald als Attaman der Ukraine anerkannt worden, als eine Menge Kasaken sowohl von denen, die an beiden Seiten des Dnepra wohnten, als auch aus andern Gegenden haufenweise zu ihm kamen. Da das Land nicht geräumig genug war, sie zu fassen: so überließ man ihnen die ungebauten Ländereien der Ukraine, und in Rußland, um sich daselbst niederzulassen. Der Zaar ließ sie in fünf Regimenter theilen, nemlich Sumi, Achtirka, Charkow, Usum und Ribnoje, und bewilligte ihnen, daß sie nach ihren eigenen Gesetzen regiert, und eben die Vortheile, als die übrigen Kasaken, genießen sollten.

Im Jahre 1660 schickte der Zaar, da er deutlich genug merkte, daß die Polen ihn durch ihre Anerbietungen und Versprechungen nur hinzuhalten suchten, den Bojar Wasilei Wasiljewitsch Scheremetof zu Chmelnitzki, um mit ihm über die Maaßregeln zur

Fort-

Fortsetzung des Krieges gegen Polen zu berathschlagen. Man beschloß, in Polen einzubrechen; mehrere Städte wurden gebrandschatzt, andere verwüstet. Dieser plötzliche Einfall verursachte unter den Polen kein geringes Schrecken, und dies wurde noch durch die Nachricht vermehrt, daß der Krongroßfeldherr zu Dubnoje gänzlich geschlagen, und sein Lager von den Kasaken geplündert worden sey.

Da der König von Schweden vor kurzem gestorben war, und die Senatoren mit der Republik Polen den berühmten Friedenstraktat von Oliva geschlossen hatten, wendeten die Polen alles an, Chmelnitzki zu gewinnen, und endlich gelang es ihnen wirklich ihn von der rußischen Allianz abwendig zu machen.

Die deshalb zwischen dem Könige Casimir und Chmelnitzki im polnischen Lager bei Kalobiza, den 18ten October 1660 geschlossene Konvention bestand in folgenden Punkten:

1. Se. Maj. und die Republik Polen bestätigen feierlich alle den Kasaken auf dem Warschauer Reichstage i. J. 1659 bewilligten Punkte, und versprechen, sie heilig zu halten.

2. Die Kasaken entsagen feierlich und auf immer der mit den Russen errichteten Verbindung und Freundschaft.

3. Der König und die Republik sprechen Wigowski'n völlig los, erklären ihn für unschuldig, und versprechen ihm eine Entschädigung für das ihm angethanene Unrecht.

4. Die polnische Armee soll die Freiheit haben, in der Ukraine Quartier und Unterhalt zu bekommen.

5. Beide Theile, die Polen und Kasaken, versprechen heilig, die Russen mit vereinigter Macht aus der Ukraine zu jagen.

6. Chmelnizki und die Kasaken versprechen alles mögliche zu thun, um die Obersten der Kasaken, Czuzura und Devorezki zu bewegen, die rußische Partei zu verlassen, und die polnische zu ergreifen.

Bald darauf griffen der König von Polen mit den Tatarn und Chmelnitzki mit seinen Kasaken gemeinschaftlich bei Dubnova und Slobodischtscha die Armee der Russen, und das unter Scheremetofs Kommando stehende Korps Kasaken an, umringten sie, und schlossen sie so eng ein, daß sie an allem Mangel leiden mußten, und sich in der Nothwendigkeit sahen, entweder zu sterben, oder sich auf Gnade und Ungnade zu ergeben.

Da Scheremetof sah, daß der Fürst Baretinskoi, der mit einem Korps Truppen zu Kiow stand, sich nicht die Mühe nehmen wollte, ihn zu unterstüzzen, so beschloß er, mit den Polen zu kapituliren; da ihm aber die vorgelegten Bedingungen zu hart schienen, so weigerte er sich, sie zu unterzeichnen. Auf diese Weigerung schloß die polnische Armee ihn noch enger ein, und nöthigte ihn dadurch, sie anzunehmen *). Selbst unter den Polen und Tatarn entstanden

---

*) Die Kapitulation, welche den 1sten Nov. 1666 unterzeichnet ist, bestand aus folgenden Punkten: die Russen sollten ihre Waffen, Fahnen ꝛc. ohne Ausnahme ausliefern; ihre Besatzungen aus den in der Ukraine besetzten Städten zurück schicken, und keinen Anspruch weiter auf dies Land machen; den Tatarn sobald als möglich, sechzigtausend Thaler in gangbarer Münze zahlen; alle rußische Truppen sollten von den Polen nach Putimly und von da an die Grenze geschickt werden, und auf immer

ſtanden über dieſe Kapitulation Streitigkeiten. Die
erſten behaupteten, daß die ganze Beute ihnen gehöre, und fingen demnach an, die rußiſchen Generale
und Offiziere auszuplündern, und alles zu verderben,
ſo, daß der König von Polen, um ſie zu beſänfti-
gen, ihnen den General Scheremetof zum Kriegsge-
fangenen auslieferte, welches er mehrere Jahre bleiben
mußte. Die übrigen Offiziere behielt der König von
Polen zur Auswechſelung, oder Ranzionizung.

Die Polen, die durch dieſen Sieg muthig geworden waren, bemächtigten ſich eines Theils der
Ukraine. Unterdeſſen vertheidigte ſich der Unterfeld-
herr Jakim Samko, mit den Regimentern von Perejaslavl, Neſchin und Zernigoff ſo tapfer, daß es
ihm im folgenden Jahre 1661 gelang, alle Polen
aus der Ukraine zu vertreiben, und ſie von neuem
dem Schutze des Zpars zu unterwerfen.

In eben dem Jahre kam Chmelnitzki in Be-
gleitung des Chans in die Ukraine mit ſeinen Kaſa-
ken, und mit den Polen zurück. Er kampirte unter
Perejaslavl, während der Chan an der Spitze ſeiner
Tatarn Starodub Mhlin und andere Städte der
Ukraine verwüſtete.

Zu Anfange des Jahrs 1662 marſchirte der
Fürſt Gregorius Gregorowitſch Romodanovski, in

die Ukraine verlaſſen; die rußiſchen Generale und hohen
Offiziere ſollen als Geißeln behalten werden, bis Kiow,
Neſchin, Zernigof und Perejaslavl geräumt, und die
obenerwähnte Summe den Tatarn ausgezahlt ſeyn würde; alle, welche polniſche Dienſte nehmen wollten, könnten ſie bekommen, und ihre Weiber, Kinder und Güter
behalten.

Verbindung mit dem Feldherrn Samko gegen Chmelnitzki, der sich mit den Tatarn und Polen bei Kirilef gelagert hatte, griff ihn an, schlug ihn in die Flucht, und steckte die Stadt in Brand.

Die Kasaken versammleten sich in diesem Jahre zur Wahl eines Attamans, um welche Würde mehrere Vornehme der Nation, und unter andern der Oberst von Neschin, Wasutka, und der ehemals mit Chmelnitzki in Verbindung gestandene Johann Bruchowezki anhielten. Die Wahl fiel auf Samko'n unter der Bedingung, daß er dem Zaar den Eid der Treue schwören sollte. Georg Chmelnitzki zeigte sich an der Spitze einer Armee von zwanzigtausend Mann, vor der Stadt Perejaslavl, wo sich der neue Attaman Samko mit mehrern braven Kasaken eingeschlossen hatte. Dieser vertheidigte sich mit aller möglichen Tapferkeit, würde aber endlich doch gezwungen worden seyn, sich zu ergeben, wenn nicht der Fürst Romodanovski zu seinem Entsatze herbei geeilet wäre.

Da Chmelnitzki erfuhr, daß der Fürst im Anmarsche sey, so erwartete er seine Ankunft nicht, und zog sich eilig nach Kannef zurück. Der Fürst und der Attaman setzten ihm nach, holten ihn auch ein, und schlugen ihn den 6ten Julius gänzlich. Ein großer Theil seiner Armee und mehr als tausend Kasaken kamen bei Kannef im Dnepr um, und Chmelnitzki selbst hatte Mühe mit einer kleinen Anzahl der Seinigen Tscherkask zu erreichen.

Nach diesem Siege ging Samko, nach dem er zu Kannef den Obersten Lisogub gelassen hatte, über den Dnepr, während der Fürst Romodanovski den Priklonski mit einem Korps von Truppen nach Tscherkask

kask schickte. Dieser bemächtigte sich der Stadt, überließ den Schutz derselben dem Obristen Gamaleél, fuhr den Dnepr bis Buschin hinab, und gab sogleich dem Fürsten Nachricht davon. Letzterer kam auf dem entgegengesetzten Ufer des Dnepr's an, und schlug sein Lager Priklonski'n gegen über auf. Chmelnitzki, der davon Nachricht erhielt, griff Priklonski's Armee plötzlich an, und würde sie vermuthlich gänzlich geschlagen haben, wenn sich nicht jener dem Dnepr genähert hätte, um von der Armee des Fürsten Romodanovski gedeckt zu werden, die von dem jenseitigen Ufer auf die feindliche Armee ein so lebhaftes Feuer machte, daß Chmelnitzki sich nach Lubna zurück ziehen mußte. Chmelnitzki, dessen Muth durch alle diese Niederlagen geschwächt war, und der sich nun außer Stand sah, ferner etwas zu unternehmen, faßte den Entschluß, die Attamanswürde niederzulegen, und Mönch zu werden; welches er auch bald darauf ausführte.

Im Jahre 1663 setzten die Saporoger Kasaken den Samko, mit dem sie nicht mehr zufrieden waren, ab, und wählten an seine Stelle einmüthig den Bruchowetzki. Wasutka, der diese Würde eifrig wünschte, suchte den Erzbischoff Methodus zu bewegen, sein Ansehen dahin zu verwenden, ihm den Schutz des Zaars zu verschaffen. Dieser aber antwortete, daß er sich, da die Wahl eines Attamans einzig und allein von der Nation der Kasaken abhänge, keineswegs darein mischen würde, und daß sich also Wasutka damit begnügen müsse, die Achtung der Kasaken zu verdienen zu suchen, um nach Bruchowetzki's Tode an seine Stelle erwählt zu werden.

Wa-

Wasutka, dem diese Antwort eben nicht sehr gefiel, erneuerte sein Ansuchen bei dem Zaar; wurde aber, da der neue Attaman es erfuhr, nebst Samko'n wichtiger Unterschleife angeklagt. Der Zaar setzte eine Kommißion nieder, um die Anklagen untersuchen zu lassen, und befahl den beiden Angeklagten, vor seinen Bevollmächtigten zu erscheinen, um sich zu verantworten. Diese Bevollmächtigten waren der Fürst Tschagin und Cyrillus Düppowitsch Chloppof, die, nachdem sie die Parteien abgehört, und alle bei solchen Umständen erforderlichen Formalitäten beobachtet hatten, das Definitivurtheil sprachen, zufolge dessen Samko aller Zierden der Attamanswürde verlustig erklärt, und beide Angeklagte dem Bruchowetzki ausgeliefert wurden, um von ihm nach Gutdünken behandelt zu werden. Samko, der über ein solches Urtheil aufgebracht war, schrie aus allen Kräften über Ungerechtigkeit, und drohte den Bevollmächtigten, daß er sie beim Zaar selbst verklagen würde. Dies nöthigte sie, ihn ins Gefängniß setzen zu lassen; Bruchowetzki aber, den dies nicht genügte, weil er den aufrührerischen Geist Samko's kannte, schickte sogleich einige Kasaken ab, die ihn enthaupteten. Diese grausame Behandlung brachte mehrere Obersten der Kasaken in Harnisch. Um die schlimmen Folgen dieses Mißvergnügens zu verhüten, verabschiedete der neue Attaman alle ukrainische Obersten, und setzte an ihre Stelle Saporoger, die den ukrainischen Kasaken unendlichen Schaden verursachten.

In diesem Jahre ernannte der Zaar zur Erneuerung der Verträge mit den Kasaken den Sekretär Baschmakof, der aber durch die bei seiner Ankunft erhaltene Nachricht, daß der König von Polen an der Spitze einer beträchtlichen Armee im Anmarsche wäre, um die Ukraine anzugreifen, unverrichteter Sache abzog.

Unterdessen hatte der Attaman Bruchowezki die Stadt Perejeslavl überrumpelt, und sich aller von Samko'n daselbst niedergelegten großen Reichthümer bemächtiget. Nicht so glücklich war er vor Krementschuck, wohin er sich ohne Zeitverlust begab, weil die an sich selbst feste Stadt von den daselbst liegenden Kasaken so gut vertheidigt wurde, daß er sich nach Habiatsch zurück ziehen mußte.

Bald darauf drangen der Attaman von Tschigirin Teteria, Hulianizkoi und Bogun, die von den Polen zu Unterfeldherrn ernannt worden waren, und die Obersten Podnestranzkoi und Tschernezkoi, die alle unter polnischem Schutze standen, in die Ukraine ein, in der Absicht, sich mit ihren Truppen nach Gluchof zu begeben. Auf ihrem Marsche plünderten und verwüsteten sie alle Oerter, die sie vorbei kamen, und unter andern die Soltikofschen Ländereien, führten alle Einwohner als Gefangene mit sich fort, und lieferten sie den Tatarn aus; konnten aber doch ihren Hauptzweck, Neschin und Baturin zu erobern, nicht erreichen.

Im Jahre 1664 stellte sich der König von Polen selbst an die Spitze einer Armee, in der Absicht, Gluchof zu belagern, wo sich der Generalauditeur der Kasaken Schivotowski, eingeschlossen hatte. Der König ließ eine erstaunende Menge von Bomben und Granaten hineinwerfen: die Kasaken thaten aber lebhaften Widerstand, und tödteten bei verschiedenen Ausfällen viel Leute. Schon standen die Polen fünf Wochen vor diesem Platze, als sie durch Ueberläufer erfuhren, daß die Armee des Zaars in drei Divisionen

auf

auf dem Marsche wäre, um den Belagerten zu Hülfe zu kommen. Das erste Korps unter dem Kommando des Jakob hudowisch Tscherkaski kampirte schon zu Bronsk, das zweite unter dem Fürsten Kurakin zu Putivle, das dritte unter dem Fürsten Romodanovski war bis Baturin vorgerückt. Der Attaman der Kasaken Bruchowezki war zur Armee des Zaars gestoßen, und wollte unterwegens das Gepäck des Königs von Polen angreifen. Auf die Nachricht hiervon fand es der Monarch nicht für gut, sie zu erwarten, hob die Belagerung auf, und zog sich mit beträchtlichem Verluste zurück. Die Kasaken setzten ihm nach, bemächtigten sich eines großen Theils des Gepäckes der Armee, und neckten die Arriergarde bis nach Pirogoga bisseits Desna, wohin der König sich mit seinen Truppen zurück zog. Vorzüglich hatte der Krongroßfeldherr von der Division, die der Fürst Romodanovski kommandirte, viel auszustehen, ohne daß jedoch etwas entscheidendes vorgefallen wäre. Der Krongroßfeldherr verwüstete zwar das Land, aber die polnischen Städte und Flecken hatten eben das Schicksal.

Unterdessen bemächtigte sich der Coschevol der Saporoger Kasaken der Stadt Tschigirin am ersten Osterfeyertage, marschirte von da gegen die Polen, denen er beträchtlichen Schaden zufügte, und zog sich hierauf nach verschiedenen Expeditionen in die Steppe der Ukraine zurück. Tschernezki, Woiwode von Rußland, hingegen verwüstete die Städte Buschin und Suborof mit Feuer und Schwerdt, und zog sich dann zurück, nachdem er vorher das grausame Vergnügen gehabt hatte, den Leichnam des berühmten Attaman Chmelnitzki, und seines Sohnes Timotheus ausgraben zu lassen.

Da

Da Teteria, den die Polen zum Attaman ernannt hatten, erfuhr, daß der ehemalige Attaman der Ukraine, Georg Chmelnitzki, der Metropolit von Kiow, Joseph Tukal und Hulianizkoi den gemeinschaftlichen Plan entworfen hätten, den König von Polen zu bewegen, ihn seiner Würde zu entsetzen: so wußte er ihnen dadurch zuvor zu kommen, daß er den König überredete, daß sie zum Nachtheile Polens geheime Verbindungen mit dem Zaar von Rußland unterhielten, worauf alle drei exilirt wurden.

Da unterdessen Teteria erfuhr, daß der Attaman die Stadt Tscherkask der Plünderung überlassen hätte, so raffte er, aus Furcht, daß er hier nicht sicher seyn möchte, alle seine Kostbarkeiten zusammen, und zog sich mit seinen Kasaken nach Braslavl zurück; verließ es aber bald wieder auf die Nachricht, daß Serko ihn verfolge, und sogar in Tschigirin eingerückt wäre, wo er sich der übrigen Effekten bemächtigt hätte, und floh mit allen seinen Reichthümern nach Polen, wo er aber geplündert und genöthigt wurde, in der größten Armuth nach Loschtschina zu fliehen. Da Bruchowezkoi seine Flucht erfuhr, so marschirte er geradezu nach Tschigirini, um sich dieser Stadt zu bemächtigen; aber Tschernitzki kam ihm zuvor, warf einige Truppen hinein, und gab dem Teteria durch einen tapfern Widerstand Zeit, in die Gegend von Tschigirin mit einem Korps Tatarn zu kommen, die Bruchowezki'n und Serko'n in die Flucht schlugen.

Hierauf marschirte Tschernetzki mit seinen Truppen nach Kannef und von da nach Biela-Czerkof. Da die Einwohner dieser letzten Stadt sich nicht ergeben wollten, so verwandelte er die Belagerung in eine Blokade, wurde aber dabei erschossen. Serko hingegen marschirte nach Biel, und bemächtigte sich dieser und mehrerer anderer dem Chan gehörigen Städte. Seine Absicht gieng eigentlich dahin, die Tatarn zu nöthigen, sich zur Vertheidigung ihres Landes zurück zu ziehen: aber sein Glück dauerte nicht lange; er wurde von Machowski mit einem Korps von Polen angegriffen, und mußte sich nach einem starken Verluste zurück ziehen.

Im folgenden Jahre 1665, marschirte ein anderes Korps von Polen, unter dem Kommando des Jablonowski, Tschernetzki's Nachfolger, gegen Bruchowetzki, der bei Biela-Czerkof kampirte. Dieser vertheidigte sich mit so vielem Muthe, daß er, nachdem er eine große Menge Feinde, und vorzüglich viel adliche Polen niedergehauen hatte, den General mit seinen übrigen Leuten nach Polen zurück zu kehren nöthigte.

Die Kasaken, die Polen treu geblieben waren, versammleten sich in diesem Jahre am jenseitigen Ufer des Dnepre zur Wahl eines Attamans. Dazu wurde Opora ernannt; da er aber von der Horde in dieser Wahl bestätigt werden sollte, so zog die Horde ihm den Peter Doroschenko, Teterias Generaladjutanten, vor, und ließ den Opora mit seinen Aeltesten dem Könige von Polen ausliefern, der ihn zum Tode verdammen ließ.

In diesem Jahre gieng der Attaman Bruchowetzki, in Begleitung seines ältesten Generals und mehrerer Obersten nach Moskau. Der Zaar nahm ihn mit den grösten Ehrenbezeugungen auf, gab ihm den Titel und die Würde eines Bojaren, und eine Gemahlinn aus der Zaarischen Familie. Auch gab er den Obersten Frauen aus den ersten, adlichen Fa-
mi-

milien, und sehr reiche Geschenke, den einzigen Sekretär Schinkewitsch ausgenommen, der zur Strafe seiner Uneinigkeit mit seinem Attaman, nach Sibirien geschickt wurde.

Um diese Zeit erschien ein Abentheurer, Namens Dezik, an der Spitze eines beträchtlichen Korps von Kasaken, unter dem Titel eines Attamans, der jedoch, nachdem er eine Zeitlang mehrere Gegenden von Polen geplündert, und verwüstet hatte, gefangen, und in den Thurm zu Neschin eingesperrt wurde, wo er sein Leben beschloß.

Peter Doroschenko gab sich alle Mühe, alle am jenseitigen Ufer des Dnepr befindlichen kasakischen Regimenter wieder unter polnische Herrschaft zu bringen. Aber es gelang ihm nur beim Regimente von Braklavl und zwar mit Gewalt. Die Stadt vertheidigte sich lang; da aber die Besatzung sehr zusammenschmolz, und an den wesentlichsten Bedürfnissen Mangel litt, so mußte sie sich ergeben. Doch setzte der größte Theil der Kasaken über den Dnepr, und begab sich unter das Kommando des Bruchowezki, so, daß nun an beiden Seiten des Dneprs zwei Attamans standen, wovon einer dem Zaar, der andere dem Könige von Polen ergeben war.

Zu Anfange des Jahres 1666 schickte Doroschenko den Podlisenko und einen Aeltesten zum Könige von Polen, um diesen Monarchen zu ersuchen, durch Patente die alten Privilegien und Freiheiten der Kasaken zu bestätigen.

Zu Ende dieses Jahrs schickte der Zaar einige Wolwoden von Moskau aus an den Bruchowezki, mit den Befehlen, sie als Gouverneurs in den vorzüglichsten

ſten Städten der Ukraine zu vertheilen. Dazu rechnete man Hadiatſch, Pultawa, Mirgorod, Lubna, Priluk, Starodub. Nowgorodek, Gluchof, Baturin ꝛc. mit Ausſchluß der Städte Kiow, Tſchernigof, Perejaslavl und Neſchin, die ſelbſt Bevollmächtigte dazu ernannten, und ſie in den andern kleinen Städten anſtellten, um daſelbſt die Abgaben einzunehmen. Zugleich beſtimmte man die verſchiedenen Abgaben, welche die Bürger und Bauern zahlen ſollten. Letztere wurden nach ihren Wagen und Pferden taxirt.

Einige Zeit darauf kamen Bevollmächtigte des Zaars an, um ein genaues Verzeichniß von den Beſitzungen jedes einzelnen Einwohners der Ukraine auszufertigen, mit dem Befehl, die Auflagen auf die Bauern mit der möglichſten Gleichheit einzurichten, um keinen Anlaß zu Klagen zu geben. Dieſer Behutſamkeit ungeachtet rebellirten doch die Städte gegen die Woiwoden, die Bruchowezki im Namen des Zaars zur Einnahme der Abgaben anſtellen wollte. Der Aufruhr fing in Perejaslavl an; die Einwohner ermordeten den Oberſten Dazko, ſteckten den Theil der Stadt, in welchem er ſich niedergelaſſen hatte, in Brand, und vereinigten ſich nachher mit Doroſchenko'n. Dieſer marſchirte dann ſogleich nach Solotonoſcha, das der Fürſt Tſcherbatof ſeit langer Zeit mit einer Armee von Ruſſen und Kaſaken eingeſchloſſen hielt, griff ihn ſo vortheilhaft an, daß er ihn nöthigte, die Blokade aufzuheben, und ſich zurück zu ziehen, und nutzte dieſen Sieg dazu, Neſchin und Priluk wegzunehmen, und alle umliegende Städte zu verbrennen. Nach dieſen Expeditionen marſchirte er gegen den Oberſten Machovski, machte ihn und ſein Detaſchement gefangen, und lieferte ſie zur Beſtrafung

fung des Schadens, den er in den Winterquartieren angerichtet hatte, den Tatarn aus. Diese schlechte Behandlung bewog Doroschenko'n, mit seinen Kasaken dem Schuze des Königs und der Republik Polen zu entsagen.

Im Jahr 1667 schickte der Zaar auf die Nachricht, daß die Tatarn von Zeit zu Zeit Einfälle in die Ukraine thäten, ein Korps rußischer Truppen unter der Anführung des Generals Kosotschef in das Land der Saporoger Kasaken, sowohl um ihre Grenzen zu decken, als auch sie in den Stand zu setzen, ihre Feinde zurück zu treiben. Dieses Betragen des Zaars, wodurch er den Kasaken einen Gefallen zu thun glaubte, hatte eine seinen Absichten ganz entgegengesetzte Wirkung. Sie fanden sich dadurch beleidigt; sie beklagten sich darüber bei dem Zaar, als über einen ihren Freiheiten nachtheiligen Schritt, und fügten hinzu, daß sie selbst im Stande wären, sich zu vertheidigen. Auf diese Beschwerden gab der Zaar dem Kommandeur Kosotschef Befehl, sich in die Ukraine zurück zu ziehen. Aber auch die Kasaken dieses Landes bezeigten auf Anreizung der Saporoger, ihr Misvergnügen über die Gegenwart dieser Truppen, und machten es so arg, daß Kosotschef endlich weichen mußte.

Doroschenko griff an der Spize der Kasaken von seiner Partei, die ihn zu ihrem Attaman gewählt hatten, nahe bei der Stadt Haiza, den Krongroßfeldherrn Johann Sobieski an. Während dem sich nun die beiden Generale einander bekriegten, suchte sich Serko, der Attaman der Saporoger Kasaken, ihre Uneinigkeit zu Nuze zu machen, brach in die Krimm ein, und verbreitete darinn ein solches Schrecken, daß

der

der Chan und seine Tatarn sich in die Berge zurück
zogen. Hierauf meldete er dem Doroschenko den
Einfall des Serko in die Krimm, und den Schaden,
den er dort verursache, und bat ihn sich mit Sobiesky zu vergleichen, damit er mit dessen Hülfe den
Serko zu Räumung der Krimm nöthigen könne. Allein dieser zog sich freywillig zurück, nachdem er alle
Orte, wohin er gekommen war, geplündert, ver-
heert und eingeäschert hatte.

In diesem Jahre rufte auch der König von Po-
len den Georg Chmelnitzki, den Metropolit von Kiow
Joseph von Tukal und den Hulianitzkoi aus ihrer
Verbannung zurück; da sie aber erfuhren, daß man
neuerdings sich ihrer bemächtigen, und ihnen gar das
Leben nehmen wolle, entflohen sie heimlich in die
Ukraine.

Endlich beendigten die polnischen und rußischen
Gesandten ihre Unterhandlungen, und wurden über
einen dreizehnjährigen Waffenstillstand einig. Die
Bekanntmachung dieses Traktats machte auf die Ge-
müther der Kasaken keinen günstigen Eindruck; um
so mehr, da man polnischer Seits hatte aussprengen
lassen, daß die Ukraine wieder an Polen kommen
würde.

Beunruhigt durch dieses Gerücht schickten die
Kasaken die beiden Kanzellisten Mokrewitsch und Uba-
nowitsch nach Moskau, die unter dem Vorwande bei
dem Zaar über die in der Ukraine angesetzten Einnehmer
Klage zu führen, sich nach allem, was in Moskau vor-
ging, erkundigen, besonders aber sich von dem Grunde
oder Ungrunde jenes Gerüchts versichern sollten. Allein diese Abgeordneten konnten ihrem Attaman nichts
weiter melden, als daß den in Moskau angekomme-
nen polnischen Gesandten große Ehre erwiesen werde,

wor-

woraus sie schlossen, daß nun für sie alle Hoffnung aus sey.

Damals ließ der Zaar dem Attamán wissen, daß 1000 Russen in der Ukraine die Winterquartiere nehmen würden, wodurch sie in der Furcht, wieder polnische Unterthanen zu werden, noch mehr bestärkt wurden, und auf die Vermuthung kamen, daß man sie mit Gewalt dazu zwingen wolle. Doroschenko nahm daher Gelegenheit, dem Bruchowetzky heftige Vorwürfe zu machen, daß er erlaubt habe, daß eben die Kasaken, welche mit Dransetzung ihres Blutes ihre Freiheit so muthig vertheidigt hätten, jetzt Abgaben von ihrem Vermögen bezahlen müßten, daß die deßhalb angesetzten Woiwoden von dem Schweiße der Unterthanen zehrten, und daß alle ihre Freiheiten und Vorrechte dadurch ein Hirngespinst worden wären.

Da Bruchewczki 1668 sahe, daß die Saporogen den größten Theil der übrigen Kasaken zum Aufruhr gereizt hatten, und daß alles zur Empörung geneigt sey, willigte er ein mit Parthei zu nehmen, und alle in den Städten auf den Befehl des Zaars angestellte Woiwoden zu verjagen, oder umzubringen, ja sogar nicht der Kasaken, welche anders dächten, zu verschonen. Dieser Entwurf ward überall, Neschin, Tschernigow und Perejaslavl ausgenommen, ausgeführt, weil hier die Woiwoden sich in die Festung retteten. Nicht zufrieden, die Städte der Ukraine von der Unterdrückung der Woiwoden befreit zu haben, schickte Bruchowetzki, um sich für den Folgen zu schützen, den Stephan Gretschennoi an den Tatarchan, ihn zum Kriege wider den Zaar zu reizen; zwei andere aber in die Türkei dem Sultan zu melden, ben, daß er mit der ganzen Ukraine entschlossen sey, sich Seiner Hoheit zu unterwerfen.

Der Fürst Romodanovsky, der nun wohl sahe, daß der Weg der Güte hier nichts mehr fruchten werde, beschloß nun Kotelva zu belagern. Die Kasaken im Gegentheil, erbittert, daß Bruchowezki einen so großen Theil ihrer Brüder hatte niederhauen lassen, und im Begriff war, sich dem erklärten Feinde der Christen zu unterwerfen, faßten den Endschluß in Geheim den Doroschenko um Hülfe zu bitten, und ihm die Attamanwürde anzutragen, welche er einige Zeit gewünscht zu haben schien. Doroschenko nahm ihr Anerbieten an, und brach sogleich auf. Sobald die Kasaken seine Ankunft zu Oposchna erfuhren, eilten sie ihm haufenweise entgegen, erkannten ihn für ihren Attaman und leisteten ihm die Huldigung. Bruchowezki suchte nun zu entwischen, und nach Kotelva zu kommen, wo er sich dem Fürsten Romodanovsky unterwerfen wollte, allein Doroschenko schnitt ihm den Weg ab, und die Kasaken plünderten sein Gepäck, und brachten ihn zum Doroschenko, wo ihn der wütende Pöbel ermordete. Seine Gemahlinn, die man auch gefangen genommen hatte, ward nach Tschigirin geschickt.

Sobald Doroschenko von den Kasaken an beiden Ufern des Dnepers als Attaman erkannt war, setzte er sich mit einer großen aus Kasaken und Tatarn bestehenden Armee in Marsch nach Kotelva, wo der Fürst Romodanovsky die Belagerung aufheben mußte.

Doroschenko, der jetzt von seiner Gemahlin erfuhr, daß auf der andern Seite des Dnepers Unordnungen entstanden wären, und seine Gegenwart dort
für

für nöthig hielt, übertrug nun das Kommando dem Mnogo-Greschnoi mit dem Befehle, alle Woiwoden aus der Ukraine zu jagen; er selbst begab sich nach Tschigirin, und die Tatarn gingen in die Krimm.

Fürst Romodanovsky, der erfahren hatte, daß die Woiwoden vollends aus der Ukraine verjagt werden sollten, brach sogleich mit seiner Armee von Putivla auf, um dem Woiwoden von Neschin zu Hülfe zu eilen; die Einwohner verschlossen zwar die Thore, allein Romodanovsky belagerte die Stadt, eroberte und plünderte sie, und befreyete den Woiwoden.

Nachdem Doroschenko Ordnung und Ruhe unter den auf der andern Seite des Dnepers wohnenden Kasaken hergestellt hatte, ließ er die Saporogen um Hülfe ersuchen; allein diese, welche Lust hatten, sich dem Tatarchan zu unterwerfen, achteten nicht auf Doroschenkos Bitten, erklärten vielmehr den Suchovei zum Attaman, und begaben sich in den Schutz der Tatarn.

Im J. 1669 ward Demian Mnogo-Greschnoi von einer Menge Kasaken zum Attaman erwählt. Nach seiner Wahl schrieb er an den Zaar, welcher die Notifikation mit allen Merkmalen von Huld und Gnade aufnahm, und dem Romodanovsky Befehl ertheilte, den neuen Attaman in seinem Namen in dieser Würde zu bestätigen.

Der erste Gebrauch, welchen Demian von seiner Würde machte, war einen Landtag zu Gluchow auszuschreiben, wo man unter andern übereinkam, eine Gesandtschaft an den Zaar zu schicken, um die zwischen ihm und Bogdan Chmelnitzki geschlossenen Verträge zu erneuern und ihn zu bitten, daß er strenge

strenge Befehle zu Abstellung der Bedrückungen der Woiwoden geben möge. Der Zaar bewilligte den Gesandten, was sie verlangten, und ließ durch den Fürsten Romodanovsky die Erklärung thun, daß er das Vergangene, besonders aber alle Revolten der Wigowsky, Chmelnitzki, und Bruchowetzky vergeben und vergessen habe, und ihnen verspreche, alle mit Chmelnitzki geschlossenen Verträge zu halten, in Zukunft nirgends als in Kiow, Tschernigow, Perejaslavl und Neschin Woiwoden anzustellen, die sich in nichts mischen, am allerwenigsten aber Kasaken bestrafen sollten, und alle Autorität dem Attaman zu lassen, der von dem Zaar allein abhängig seyn sollte.

Sobald Doroschenko sahe, daß Demian ihm unterworfen war, schickte er Gesandte nach Konstantinopel, welche dem Sultan erklären mußten, daß er und die ganze Ukraine sich unter türkischen Schutz begeben wollten, und er daher bäte, Se. Hoheit möchte ihm die Bestätigung seiner Würde ertheilen. Der Sultan erfüllte nicht allein dieses Verlangen, sondern schickte auch einen Tschiaus mit 6000 Mann ab, um das Bündniß noch mehr zu befestigen. Sobald die Saporogen dies erfahren hatten, rückten sie nebst einem Korps Tatarn vor Kononga, wo der Attaman die vom Sultan erhaltene Fahne aufbewahrte. Der Tschiaus aber ertheilte den Tatarn Befehl nach Hause zu gehen, die Belagerung mußte aufgehoben werden, und der Saporoger Attaman, Suchovei, ward so verdrießlich darüber, daß er seine Stelle dem Michael Chanenko übergab, und sich nach Uman begab.

Während Doroschenko die Districte der Ukraine, welche sich dem Zaar wieder unterworfen hatten, mit
Feuer

Feuer und Schwerdt verwüstete, verbanden sich Chanenkon, Suchovei, und Georg Chmelnitzki wider ihn, und rückten mit einem Heere Tatarn und Saporogischer Kasaken gerade nach Bielgorod, wo sich Doroschenko aufhielt.

Den Verbundenen konnte wegen ihrer Macht ihre Absicht nicht leichtlich fehl schlagen, und Doroschenko schien schlechterdings verlohren zu seyn. Er glaubte dies selbst, als wider alle Erwartung Serko mit einem beträchtlichen Korps Kasaken ihm zu Hülfe kam, worauf die Häupter der Verbundenen die Flucht ergreifen mußten. Chanenko und Suchovei entkamen, Chmelnitzki aber ward gefangen.

Gegen Ende des Herbsts wollte Doroschenko noch etwas gegen Demian unternehmen, und diesen zum Treffen zu bringen suchen. Dies neue Projekt brachte die Tatarn auf, welche nach Hause giengen, und auf dem Wege das ganze Land verwüsteten. Doroschenko beklagte sich vergebens bei der Pforte.

Im J. 1670 schickte Doroschenko einen gewissen Kpaschko mit einem Korps Kasaken zu Verwüstung des Theils der Ukraine ab, welches sich dem Zaar unterworfen hatte. Roman Rakuscha, Erzpriester von Braclaw kam von Konstantinopel, die Excommunikation zu publiciren, welche der Patriarch wider den Demian hatte ergehen lassen. Man behauptet, daß Doroschenko selbst den Patriarchen dazu gereizt habe.

Chanenko ließ im Einverständnisse mit dem Koschevoi der Setsche dem König von Polen durch den Michael Wiesnowitzky Vergleichsvorschläge thun, und hielt zur Antwort, daß der König Kommissarien ernennen werde, welche sich nach Ostroga verfügen sollten. Doroschenko, welchem man den königlichen Vorschlag zu wissen that, und Chanenko selbst hielten aber nicht für rathsam, ihn anzunehmen, wenn nicht der König und die Republik ihnen eine gleiche Anzal Senatoren, als die Kasaken Deputirte nach Ostroga schicken würden, als Geißel gäbe.

Im J. 1671 lag Doroschenko aufs neue dem Pascha von Silistria an, mit ihm den Demian Mnogo-Greschnoi anzugreifen, und da der Pascha diesmal keine abschlägige Antwort gab, ward Mnogo-Greschnoi geschlagen. Die Sieger verwüsteten hierauf die polnischen Grenzen, worauf die Kronfeldherrn Serko und Chanenko mit der Setsche zu Hülfe riefen. Auf die Nachricht von ihrem Anmarsche zogen sich der Pascha und Doroschenko zurück, und die Saporogen, aufgebracht, daß sie den weiten Marsch, ohne Feinde zu finden, hatten thun müssen, kehrten nun ihre Waffen gegen die, welche sie zu Hülfe gerufen hatten.

Der König von Polen schickte jetzt dem Chanenko, Attaman der Saporogen, den Kommandostab nebst allen zu dieser Würde gehörigen Insignien, und gab ihm in Gemäßheit des Hadiatschen Vertrags freie Macht, die Ukraine so zu beherrschen, als ob sie sein Eigenthum wäre. Doroschenko fiel zwar mitten im Winter in der Ukraine ein, die Einwohner von Uman aber schlugen ihn zurück, und unterwarfen sich dem Chanenko.

Im J. 1672 starb Demian Mnogo-Greschnoi. Der Zaar bedauerte seinen Verlust, bestätigte aufs neue die Privilegien der Kasaken, und machte sich anheischig, den mit Chmelnitzki geschlossenen Vertrag genau

genau zu beobachten, und niemals wieder Woiwoden in die Ukraine zu schicken.

Auf Doroschenkos Anstiften rückte der türkische Kaiser vor Kaminieck, das sich nach vierzehntägiger Gegenwehr ergeben mußte. Der Sultan ließ die in den Kirchen befindlichen Heiligen=Bilder alle auf die Straße werfen, und allein auf Bitte der Armenier und Kasaken wurden drei Kirchen verschont. Doroschenko und der Chan aber erhielten Befehl, die Stadt Lwof und die in der Gegend gelegenen Flecken zu besetzen, und alle Einwohner wegzuschleppen.

Die Polen brachten so viel Truppen zusammen, als sie konnten, stießen zum Chanenko, und gingen den Feinden entgegen. Doroschenko erlag endlich der Macht und Kabale, und der Sultan ging, nachdem er einige Provinzen verwüstet, und obendrein eine Art von Brandschatzung erhalten hatte, in seine Staaten zurück.

Der neue Attaman war Iwan Samoilowitsch Popow, der Sohn eines Priesters und vorher Generalauditeur bei den Kasaken. So wie er in seiner Würde bestätigt war, erklärten die Kasaken dem Zaar, daß alle durch die Kasaken begangnen Unordnungen ihren Grund in den Gerüchten hätten, als wolle man rußischer Seits die Ukraine wieder an Polen abtreten, und da der Zaar ihnen wissen ließ, daß dieß völlig ohne Grund sey, und er jederzeit die Kasakische Nation in seinen besondern Schutz nehmen werde, hörten alle Unruhen auf.

Indessen verbanden sich der Oberste von Starodub, und der Protopope von Neschin wider den neuen Attaman, und brachten bei dem Zaar schwere

Klagen

Klagen wider ihn an, allein dieser überließ die ganze Sache den Kasaken zur Entscheidung, und da der Attaman sich vollkommen rechtfertigte, wurden beide Ankläger zum Tode verurtheilt, der Attaman aber verwandelte die Todesstrafe in Verweisung nach Sibirien.

Im J. 1674 marschirten Fürst Gregor Komodanovsky und der Attaman mit einem Heere Kasaken und Russen wider den Doroschenko, belagerten die Stadt Tscherkask, und bemächtigten sich derselben durch Kapitulation den 1sten Jenner.

Doroschenko ließ sieben Regimenter aufbrechen, um die Stadt Korsun zu vertheidigen, forderte dann Hülfe von dem Tatarchan und schloß sich selbst in Erwartung derselben in Tschigirin ein. So wie die Tatarn ankamen, stellte sich Doroschenko an ihre Spitze, und ging gerade auf Raschkow los, dessen Einwohner sich aber so tapfer vertheidigten, daß er die Belagerung aufheben mußte. Dann ging er der rußischen und kasakischen Armee bis Lisianka entgegen, allein die Besatzung und Einwohner dieser Stadt schlugen die Tatarn, und machten den Doroschenko zum Gefangnen, worauf alle Truppen und Städte jenseits dem Dnepr, Tschigirin und einige unbedeutende Flecken ausgenommen, sich dem Zaar unterwarfen.

Dennoch kam Doroschenko wieder in die Höhe, und noch vor Ende des Jahrs mußten ihn Komodanovsky und der Attaman in Tschigirin belagern, aber auch die Belagerung aufheben, als eine türkische Armee zum Entsatze heranrückte. Ihr Rückzug setzte alles, was auf der andern Seite des Dneprs wohnte, in die größte Bestürzung, so, daß die Einwohner ihre Häuser verließen, und haufenweise, um der Wuth der Türken zu entgehen, flüchteten. Die Stadt Uman

Uman nahm Doroschenko, von den Türken unterstützt, mit Sturm ein, und ließ alles, was Othem hatte, niederhauen. Viele dieser Unglücklichen wurden lebendig geschunden, die Häute mit Stroh ausgestopft, und hundertweise an den türkischen Kaiser geschickt. Da Doroschenko nun nicht im Stande war, die Geldsummen aufzubringen, welche er den Türken für ihre Hülfsleistung zu geben versprochen hatte, plünderte er alle Bezirke der Ukraine, welche die Oberherrschaft des Zaars anerkannten, und setzte sich dadurch in den Stand, seinen Versprechungen genug zu thun.

Im Jahre 1675 verließen die noch auf der andern Seite des Dnepre gebliebenen Einwohner ihre Wohnungen, und begaben sich in den Schutz des Attamans Samoilowitsch.

Doroschenko, der durch Anreizungen des polnischen Königs Johann Sobiesky, der sich in der Ukraine festzusetzen suchte, den besten Theil seiner Kasaken verlohren hatte, hielt nun für das Beste, sich dem Zaar zu unterwerfen, und dadurch vielleicht die Würde eines Attamans, nach der er so lange gestrebt hatte, zu erhalten. Da ihm dies nicht gelang, suchte er die Ukrainischen Kasaken gegen ihren Attaman aufzuwiegeln — aber auch dies mislang. Er suchte hierauf bei den Türken um Hülfe an, und bekam auch von diesen abschlägige Antwort.

Romodanovsky und der Attaman, die von allen seinen Unternehmungen unterrichtet waren, giengen nun mit einem zahlreichen Heere, wozu noch der Smolenskische Adel stieß, auf ihn los, und belagerten ihn abermals in Tschigirin. Die Stadt that geringen Widerstand, und da man dem Doroschenko die

Frei=

Freiheit versprach, wenn er in Ruhe zu Sostniza zu leben verspräche, übergab er die Stadt.

Der König von Polen ernannte nun den Eustachius Gogol zum Attaman der Kasaken; der Großsultan aber entledigte den Georg Chmelnizki seines Gefängnisses und erklärte ihn zum Attaman der Saporogischen Kasaken. Ismail Pascha und der Tatarchan mußten ihn mit einem starken Korps begleiten, und erhielten Befehl, in die Ukraine einzurücken, Tschigirin zu belagern, und sich nach Eroberung dieses Platzes nach Kiow zu wenden.

Im Monat Junius 1677 kamen diese Truppen vor Tschigirin an, und setzten dieser Stadt von allen Seiten sehr hart zu. Indessen vertheidigte sich die aus Rußen und Kasaken bestehende Besatzung so tapfer, daß Romodanovsky Zeit gewann, 1500 Mann über den Dnepr gehen zu lassen, welche unvermuthet über die Türken und Tatarn herfielen, und eine Menge niederhieben. Der Sohn des Chans blieb selbst dabei. Da auch die Belagerten täglich neue Verstärkung erhielten, und man erfuhr, daß Fürst Galitzin mit einem Korps Rußen in der Nähe von Piva kampire, ward die Belagerung den 15ten August aufgehoben.

Das folgende Jahr rückten die Türken abermals vor Tschigirin, und der Zaar eilte zum Entsatze herbei. Nach verschiedenen Scharmützeln kam es zu einem Treffen; der Zaar ward geschlagen, und die Türken gelangten nun mit Hülfe einiger Minen zum Besitze der Stadt. Die Besatzung, welche der Sclaverei einen rühmlichen Tod vorzog, faßte den Endschluß, sich durchzuschlagen, that einen Ausfall, und kam glücklich an die Forts, welche Romodanovsky und

und der Attaman hatten erbauen lassen. Georg Chmelnitzky verwüstete nach der Einnahme von Tschigirin das umliegende Land, äscherte Kannef ein, und ließ sich hierauf zum Fürsten der Ukraine und Attaman ausrufen.

Im J. 1684 ernannte der König von Polen den Kunizki zum Attaman der Saporogischen Kasaken, und detaschirte ihn wider die zu Bielgorod stehenden Tatarn. Da der Attaman aber fand, daß sie ihm an Anzahl überlegen waren, ergriff er die Flucht, und gab seine Truppen den Feinden Preis, welche einen großen Theil derselben niederhieben. Die Entflohenen griffen den Attaman, und brachten ihn ums Leben.

Statt seiner ward 1685 Mogila zum Attaman der Saporogen erwählt, welcher Kaminieck eroberte. Auch kamen mehrere Trupps Kasaken mit den Polen zur österreichischen Armee nach Hungarn, und leisteten wesentliche Dienste.

Im J. 1686 ward zu Warschau zwischen Rußland und Polen ein beständiger Friedens- und Freundschaftsvertrag geschlossen, durch welchen die Ukraine nebst Smolensk gänzlich an Rußland abgetreten ward. Im folgenden Jahre rückte Fürst Wasilei Wasiljewitsch Gallizin mit einer rußischen Armee vor Perekop, wozu Attaman Samoilowitsch mit 60000 Kasaken stieß. Das Land war aber von den Tatarn so verwüstet worden, daß sie sich bis an den Fluß Konskaja zurück ziehen mußten, nachdem sie an Menschen und Pferden großen Verlust erlitten hatten. Hierüber ward der Attaman in Verhaft genommen, und an den Fürsten Gallizin ausgeliefert; an seine Stelle aber Mazeppa, der des vorigen Attamans Adjutant

jutant gewesen war, erwählt. Dieser ließ dem einen von des abgesetzten Attamans Söhnen (Gregor) den Kopf abschlagen, den andern Jakob aber schickte er bloß nach Sibirien.

Im Jahr 1689 fielen Fürst Wasilej Wasiljewitsch Gallizin, Attaman Mazeppa, und die Bojaren Schein, Dolgorucki, Scheremetoff und Schepeloff in die Krimm ein. Die Tatarn aber schlossen bald darauf Frieden.

Im Jahr 1690 ernannte der König von Polen an des verstorbenen Mogilas Stelle über die auf der andern Seite des Dneprs wohnenden Kasaken einen neuen Attaman, der Samuel hieß. Dieser errichtete nach dem Muster der Ukrainischen Kasaken-Kompagnien, welche stete Einfälle in das Gebiet der Tatarn thaten, viele in die Sklaverei geschleppte Christen frei machten, den Tatarn Pferde und Habseligkeiten raubten, viele niederhieben, und eine Menge andere als Gefangene nach Polen schickten.

Die folgenden Jahre rächten sich die Tatarn empfindlich wegen dieser Verheerungen. Sie fielen in die Ukraine ein, verwüsteten das Land, und machten viele Menschen unglücklich. Der Zaar Peter, um diesen Streifereien Einhalt zu thun, belagerte 1695 Asoff, mußte aber die Belagerung aufheben; sein General Scheremetoff und Mazeppa mit allen Kasakenregimentern giengen zu gleicher Zeit auf die Türken los, machten ein Korps Janitscharen zu Gefangenen, und brachten eine Menge Einwohner mit sich herüber. Dabei wurden Kisikermen und mehrere Städte völlig verwüstet.

Der Chan fiel dafür im folgenden Jahre in die Ukraine ein, und verwüstete die Gegend von Pultawa

tawa und Mirgorod, ward aber von drei Kasaken-
obersten, die er angegriffen hatte, geschlagen. Da die
Tatarn vollends hörten, daß auf der einen Seite
Mazeppa, auf der andern Scheremetoff mit Russen
und Kalmücken anrücke, nahmen sie auf das eiligste
ihren Rückweg, wurden aber von Daniel Apostol dem
Obersten von Mirgorod und Herzik dem Obersten
von Pultawa eingeholt, und in den Dnepr und
die Worskla gejagt, wo die meisten von ihnen
ertranken. Auf dem Wege hatten sie einen gewissen
Wetschurka gefangen genommen, dem sie aus Rache
den Leib lebendig aufschnitten, das Herz herausrissen, und ins Feuer warfen.

Da der Zaar Iwan Alexjewitsch gestorben war,
ging Peter der Erste zum zweitenmale vor Asoff; ihn
begleiteten 15000 Kasaken unter dem Obersten Jakob Lisogub von Tschernigof, Michel Borochowitsch
von Hadiatsch, Dmitri Gorlenka, Obersten von Pri-
luzk, und Leo Svetschna, Obersten von Lubensk. Der
Zaar vertheilte diese Kasaken vom Meere an bis an
die Wohnungen der Kubanischen Tatarn, um diesen
alle Gemeinschaft mit den andern Tatarn abzuschneiden. Seine Flotte stellte er an den Ausfluß des
Dons, um der türkischen die Annäherung gegen
Asoff zu wehren. Die Tatarn, welche die Kasaken
angriffen, wurden zurück geschlagen.

Da einige türkische Schiffe sich unter Begünsti-
gung der Nacht Asoff näherten, und Truppen und
Kriegsbedürfnisse hineinbrachten, wagten die Kasaken
einen Angriff auf sie, und weil ihnen das Feuer der
Belagerten zu beschwerlich fiel, faßten sie auf der
Stelle und ohne Befehl ihrer Obern, den verweg-
nen Entschluß die Stadt zu ersteigen. Sie näherten
sich trotz des fürchterlichen und beständigen Feuers der
Tür-

Türken, und setzten sich nahe an den Wällen fest. Zugleich ließ der Zaar von mehr als hundert Batterien die Stadt beschießen. Sogleich rückten die Kasaken vor, warfen ihre Granaten, erstiegen die Wälle, und nahmen den Türken vier Kanonen; worauf diese die Waffen niederlegten, und sich ergaben.

Den 19ten Junius übergaben die Einwohner Asoffs dem Bojar Alexej Semenowitsch die Stadt mit allen Kriegs-und Mundbedürfnissen, und begaben sich mit ihren Familien dißeits des Don nach Kagamlik. Der Zaar ließ unter seine Truppen und die Kasaken 15000 Dukaten, jedem Offizier aber 5 Dukaten geben. Der Viceattaman Lisogub und seine Obersten erhielten besonders beträchtliche Geschenke.

Im Jahr 1699 schloß der Zaar mit der Pforte einen dreißigjährigen Waffenstillstand, wodurch Asoff an ihn abgetreten ward.

In dem darauf ausgebrochenen Kriege mit Schweden leisteten die Kasaken dem Zaar trefliche Dienste; allein 1708 wurden die schon über ein Jahr angefangenen Verbindungen des Attamans mit Karl dem Zwölften sichtbar, und gegen Ende des Jahrs erklärte er sich völlig gegen den Zaar. Mentschikof erhielt nun Befehl Baturin wegzunehmen, wo Mazeppa für die schwedische Armee Magazine angelegt hatte. Der rußische General, der wohl einsah, wie wichtig es sey, diesen Platz zu erobern, faßte den kühnen Entschluß, die Stadt zu stürmen. Das Glück war ihm günstig, sie ward erstiegen, und geplündert, was man nicht fortbringen konnte, wurde verbrannt, wobei ein Theil der Stadt mit im Feuer aufging, die Festungswerke wurden geschleift, und die Einwohner gespießt, gehangen, und auf andere Arten hingerichtet.

Karls

Karls des Zwölften Verblendung trug viel zu diesem Unfalle bei, denn statt, wie Mazeppa bat, zum Entsatze herbei zu eilen, brachte er den Winter zu Romni zu, und war erst zu Anfang des folgenden Jahres bis Hadiatsch vorgerückt.

Im J. 1709 ließ der Zaar in allen Kirchen der Ukraine einen Befehl verlesen, worinnen den Kasaken angedeutet ward, daß sie beständig auf ihrer Hut seyn möchten, weil Karl der Zwölfte und Mazeppa die Absicht hätten, ihr Land zu erobern, sie ihrer Güter zu berauben, und sie selbst in die Sklaverei zu schleppen. Dies hatte so guten Erfolg, daß die Kasaken zu den Russen stießen, und die Schweden so herzlich zu hassen anfingen, daß sie alle, welche ihnen in die Hände fielen, umbrachten. Man gieng nun noch weiter, indem an Mazeppas Stelle der Oberst von Starodub Skoropadski in Gegenwart des Zaars, der ihm selbst den Kommandostab überreichte, zum Attaman gewählt ward.

Um diese Zeit verließ auch der Oberst von Mirgorod, Daniel Apostol, der bisher schwedische Parthei gehalten hatte, den Mazeppa, und bat den Zaar um Gnade, der ihm auch, so wie dem Sulima, seine Untreue verzieh.

Der Zaar that jetzt Karl dem Zwölften, der sich bei Pultawa gelagert hatte, Friedensvorschläge, und bat blos um die Einräumung eines Hafens an der Ostsee. Allein sey es, daß diese Vorschläge gar nicht zu Karls Ohren kamen, oder daß er voll des Plans den Zaar abzusetzen, nicht darauf achtete; genug, sie wurden nicht beantwortet, und Peter, der gar keine Lust hatte, das Schicksal seines Reichs dem

Aus-

Ausgange eines Treffen zu unterwerfen, entschloß sich endlich zu schlagen. Der Ausgang dieser Schlacht ist bekannt, und hieher gehört nun, daß Mazeppa bald darauf zu Bender starb, und von dem ihm folgenden Kasaken, Philipp Orlik, zum Attaman gewählt ward, der sich einigen Anhang unter den Saporogen verschaffte, und durch Streifereien der Ukraine sehr beschwerlich fiel.

Das Jahr nach dem Nystädter Frieden 1722 starb der Attaman Iwan Skoropadski zu Gluchow; Peter der Große machte damals gerade eine Reise in die Gegenden des Kaspischen Meeres, und so ernannte der Senat den Paul Polubatok zum Vice = Attaman, ganz den Privilegien der Kasaken, die der Zaar selbst bestätigt hatte, entgegen.

Der Brigadier Weljaminow, der im Julius des nemlichen Jahres nach Gluchow kam, richtete dort ein Kollegium zu Einhebung der Abgaben in der Ukraine ein, allein die Aeltesten der Kasaken, besonders der Interims = Attaman beschwerten sich so sehr darüber, daß der Senat die Einrichtung wieder abstellte.

Nach seiner Rückkunft ließ der Zaar auf Weljaminows Vorstellungen alles wieder auf den vorigen Fuß setzen, und es wurden nun Kasaken zu Einnehmern bestellt, welche von dem Kollegium zu Gluchow ihre Instruktion erhielten.

Im folgenden Jahre wurde Polubatok nebst noch einigen andern von dem Zaar nach Petersburg beschieden, um mit ihm über verschiedne Gegenstände vom Belange zu konferiren. Am Schlusse der Konferenzen baten diese Deputirten den Zaar, daß er ihnen

die

die Privilegien der Kasaken, welche seine Vorfahren und er selbst bewilligt hätten, aufs neue bestätigen möchte, der Zaar aber stand geraume Zeit mit der Antwort an. Da sie den Herbst und einen Theil des Winters in Petersburg zugebracht und immer noch keine Antwort erhalten hatten, auch nun einsahen, daß Mentschikows Intriguen an dem allen Schuld wären, wendeten sie sich aufs neue an den Zaar, und Polubatok war dreust genug, ihm folgendes zu sagen: „Ich sehe wohl, Sire, daß Sie ohne Grund, und blos auf des stolzen Mentschikows Verhetzen, mein Vaterland ins Verderben stürzen wollen, und daß Sie nach sehr falschen Grundsätzen sich über die Gesetze erhaben glauben — wenn Sie Privilegien vernichten, die Ihre Vorfahren und Ew. Maj. selbst feierlich bestätigt haben, wenn Sie eine Nation, deren Freiheit Sie selbst anerkannt haben, mit willkührlichen Auflagen belegen, wenn Sie keine Schwürigkeit machen, sie zu den beschwerlichsten und sklavischsten Arbeiten zu brauchen, und die Kasaken, als ob es Ihre Sklaven wären, zwingen den Kanal zu graben, den Sie in Ihren Staaten machen lassen \*); wenn Sie uns des köstlichsten unsrer Rechte, der freien Wahl unsers Attamans berauben, und statt uns unsre Landsleute zu Richtern zu lassen, uns rußische Richter geben, die unter dem Vorwande, als kennten sie unsre Privilegien nicht, sie bei jeder Gelegenheit verletzen. Und legen Ew. Maj. Gott Ihre Dankbarkeit für das Ihnen geschenkte Glück wohl durch Verweigerung der uns schuldigen Gerechtigkeit an den Tag? Es rührt Sie nur der Glanz der Ihnen geschenk-

---

\*) Peter der Große ließ 1721 zwölftausend Kasaken an dem Ladogakanal arbeiten.

schenkten Größe und Macht, ohne an die Gerechtigkeit zu denken. Erlauben Sie, Sire, daß ich Ihnen zum letztenmale erkläre, daß Ihnen der Verlust eines ganzen Volks keinen Vortheil bringen, und es Ihnen weit weniger rühmlich seyn wird, elende Sklaven durch Gewalt und Strafen zu beherrschen, als der Vater eines ganzen Volkes zu seyn, das von Ihrer Güte durchdrungen, stets bereit seyn wird, sein Blut für Sie zu vergießen. Ich weiß, daß Fesseln meiner warten, daß ich in einem finstern Kerker eingesperrt Hungers sterben werde; aber das kümmert mich wenig — ich spreche für mein Vaterland, und ziehe den grausamsten Tod dem schrecklichen Schauspiele, den ganzen Ruin meines Vaterlandes mit anzusehen, vor.

Ueberlegen Sie dies, großer Fürst, und bedenken Sie, daß Sie dereinst dem König aller Könige für alle Ungerechtigkeiten werden Rechenschaft geben müssen, die Sie gegen ein Volk begangen haben, das unter Ihrem Schutze stand."

Nach dieser Rede ließ der Zaar die Deputirten auf die Petersburger Festung bringen. Zugleich befahl er dem Brigadier Rumänzow, der sich damals in der Ukraine befand, ihre Güter zu konfisciren, ließ den Gefangenen ihre Habseligkeiten wegnehmen, und ernannte zwei seiner Offiziers zu Befehlshabern der Ukrainischen Regimenter.

Rumänzow erhielt hierauf neue Befehle, an die Stelle der Gefangenen neue Obersten zu setzen, auch noch verschiedene andere in Verhaft zu nehmen, welche etliche Jahre zu Gluchow in Arrest blieben.

Im J. 1724 starben die Deputirten, Polubatok und Wolodnowsky im Gefängnisse für Kummer, Hunger und Kälte.

Nach

Nach Peters des Großen Tode setzte die Kaiserin Katharina nach dem letzten Willen des verstorbenen Kaisers, die gefangenen Kasaken in Freyheit, und gab ihnen ihre eingezogenen Güter wieder. Auch entledigte sie die Kasaken von der Verbindlichkeit an den Kanälen arbeiten zu helfen, wofür sie blos eine Summe Geldes zu bezahlen haben sollten, die nach langen Zwistigkeiten auf einen Rubel für den Kopf bestimmt ward.

Peter der Zweite, welcher 1727 den Thron bestieg, fing seine Regierung auf Weljaminows Vorstellungen mit Abstellung aller Eingriffe an, welche bisher in die Rechte und Freiheiten der Kasaken gethan worden waren, gestand ihnen auch das Recht zu, sich, wie es ihre alte Verfassung mit sich brachte, einen Attaman zu wählen.

Hierauf befahl er den Obersten und Aeltesten der Kasaken sich zu Gluchow zu versammeln, um dort einen neuen Attaman zu erwählen. Den ersten October ward der Oberst von Mirgorod, Daniel Paulowitsch Apostol einmüthig dazu ernannt, und gleich darauf das in der Ukraine eingesetzte Kollegium aufgehoben.

Im J. 1729 ging eine große Promotion bei den verschiedenen Korps vor. Auch erhielt der Attaman ein neues Bestätigungsdekret seiner Wahl und der Privilegien der Kasaken, das noch weit vollständiger, als das vorige war, welches er 1728 in Moskau erhalten hatte. Unter verschiedenen andern Dingen enthielt es auch den Befehl, alle Ukrainische Gesetze in die rußische Sprache zu übersetzen, wozu der Attaman 25 Geistliche wählte *).

Die

*) Man sehe die hiezu gehörige Beilage am Schlusse der Geschichte.

Die Kaiserinn Anna, Peters des Zweiten Nachfolgerinn gab 1730 ein Edikt, wodurch der Zehnte vom Tabak, Salz, den Brücken, Fähr- und Wegegeldern aufgehoben ward; machte auch in diesem und dem folgenden Jahre noch verschiedene andere zum Besten der Kasaken gereichende Einrichtungen.

Im J. 1734 starb der Attaman, Daniel Apostol, zu Gluchow. Seiner Wittwe und Kindern wurden die von ihm besessenen Ländereien geschenkt, und ihnen jährlich noch 3000 Rubel aus der Steuerkasse angewiesen.

Die Kaiserin bestätigte auch der Kasakischen Nation alle bisherigen Vorrechte, und setzte blos, bis ein neuer Attaman erwählt sey, eine Regierung nieder, worinnen drei Russen und drey Kasaken Sitz und Stimme haben sollten *).

---

### Resolutionen des Kaisers auf die vom Attaman Daniel Apostol vorgelegten Punkte.

1. Verspricht Se. Maj., den Attaman und alle Unterthanen in der Ukraine bei ihren Freiheiten und Vorrechten u. s. w. zu erhalten, also, daß alles auf dem Fuße bleiben soll, wie es in den dem Attaman, Bogdan Chmelnitzki, bestätigten Punkten ausgemacht worden.

2. Soll die Wahl eines Attamans so frei seyn, als sie von jeher gewesen ist; nur daß sie jedesmal mit

*) Man sehe die zweite hier folgende Beilage.

mit Einwilligung des Kaisers geschehe, ohne welchen kein Attaman gewählt, oder abgesetzt werden darf. Der zu erwählende Attaman hat bei Sr. Maj um die Bestätigung anzuhalten, die er nebst den Zierden eines Attamans bekommen wird.

3. Bestätigt Se. Maj. gnädigst die alten Satzungen der Kasaken und Bürger der Ukraine, so, daß der Attaman nicht ohne Rath der Aeltesten und Bürger eine Bedienung vergeben soll. — Alle Bedienungen sollen an Personen vergeben werden, welche lange Zeit gedient haben, und als treue Unterthanen Sr. Maj. anerkannt sind. Man soll deshalb zwei oder drei Kandidaten vorschlagen, und der, welchen Se. Maj. auf die Vorstellungen des Attamans und des Ukrainischen Volks bestätigt hat, soll nicht geradezu seiner Stelle verlustig werden, sondern man soll Se. Maj. davon benachrichtigen, die Gründe davon auseinander setzen, und seine Antwort abwarten.

4. Da die Einkünfte der Stadt Konop von jeher zur Unterhaltung der Artilleristen und Artillerie verwendet worden, so befehlen Se. Maj., daß sie aufs neue zu dem nemlichen Gebrauche verwendet werden sollen.

5. Die rußischen zu Beschützung der Grenze in der Ukraine befindlichen Regimenter sollen, da dies den mit Chmelnizki geschlossenen Kapitulationspunkten nicht zuwider ist, dort im Quartiere bleiben.

6. Was die Regimenter der Freiwilligen zu Fuß und zu Pferde betrift, welche die Ukraine bisher unterhalten hat, so befehlen Se. Maj. aus besonderer Güte, daß der Attaman nur drei Regimenter, jedes zu 500 Mann auf den Beinen halten soll.

7. Im

7. Im Jahr 1727 ward verordnet, daß das Kollegium der Ukraine nichts mehr mit Einhebung der dortigen Einkünfte zu thun haben solle. Se. Maj. befiehlt das nemliche, und setzt neuerdings hinzu, daß die nehmliche Einhebung der dem Attaman Chmelnitzki zugestandenen Abgaben, dem Generalkassirer, der in Zukunft diese Einhebung zu besorgen hat zur Regel dienen soll. Da man aber nirgends etwas von dem Betrage der Summe findet, weil sie durch die Laune der Attamans bestimmt ward, so verordnet Se. Maj. daß unter dem Generalkassirer noch zwei Einnehmer stehen sollen. Da Se. Maj. keine deutlichen Begriffe von den Ukrainischen Einkünften haben, weil weder Einnahme noch Ausgabe gehörig bestimmt sind, so verordnen Sie, daß man die Einkünfte blos von Dingen, welche zum Handel gehören, erheben soll, als: vom Branntewein, Talg, Honig, den Bienenstöcken und Tabak; wobei die Abgaben von den Märkten, vom Kornhandel, die Brücken- und Fährenzölle, und die jährliche Steuer von den Häusern und dem Viehbestand, nicht mit gerechnet sind. Außer diesen Abgaben sollen ohne ausdrücklichen Befehl Sr. Maj. keine neuen eingeführt, auch niemand damit zu sehr beläßtigt werden. Das Geld soll in die Landeskasse kommen, und bleibt nach Bestreitung der Unkosten etwas übrig, soll es nicht willkührlich verwendet, sondern von dem Ueberschuße Sr. Majestät Nachricht ertheilt werden.

8. Will Se. Maj., daß man den Kasaken keine ihrer Besitzungen entziehen, und findet der Attaman jemand einer Belohnung würdig, soll er Sr. Majest. davon Nachricht ertheilen.

9. In

9. In der mit dem Attaman Bogdan Chmelnitzki geschlossenen Konvention ist ausgemacht worden, daß der Attaman die Einkünfte von dem Regimente Tschigirin ziehen soll, wofür ihm von den Vorfahren Sr. Maj. das Regiment Hadiatisch angewiesen worden. Da nun Se. Maj. dies der mit Bogdan Chmelnitzki geschlossenen Konvention entgegen finden, befehlen Sie, dem Attaman das Regiment Tschigirin wieder zu geben.

10. Alle Güter und Ländereien, welche ehedem den Obersten, Sotniks, Attamans u. s. w. zugehört haben, sollen, wenn sie zu anderem Gebrauche verwendet worden sind, ihren alten Gebrauch wieder erhalten.

11. Was die Verlegung der Residenz des Attaman von Gluchow an einen andern Ort betrift, so soll dieser Sr. Maj. einen dazu schicklichen Ort vorschlagen.

12. Nach dem mit Chmelnitzki geschlossenem Vertrage soll niemand in der Ukraine Bauern, welche aus Rußland davon laufen, bei Todesstrafe aufnehmen, da aber dieser Fall mehrmalen vorkömmt, so verordnen Se. Maj., daß die 1718 und 1723 gegebnen Befehle in Absicht der Bauern befolgt werden sollen.

13. Von allen Handelsartikeln sollen die bisherigen Abgaben bezahlt werden.

14. Den Juden erlaubt Se. Maj. die Ukrainischen Märkte zu besuchen, wobei ihnen aber ausdrücklich aller Kleinhandel verboten ist. Würde einer auf Ausführung rußischen Geldes ertappt, soll er mit der Verweisung nach Sibirien bestraft werden.

15. Se.

15. Se. Maj. verordnen, daß in Zukunft alle ihre Unterthanen überall, wo es ihnen gefällt, sich ankaufen können; jedoch mit der Bedingung, daß die, welche sich in der Ukraine ankaufen, sich völlig nach den dasigen Landesverfügungen achten sollen.

16. Die Roskolniks, welche in Starodub und Tschernigoff sich niedergelassen haben, sollen unter den Befehlen des Attamans stehen, welcher dabei die Fürsicht brauchen soll, durch sichre Offiziers untersuchen zu lassen, ob ihre Zahl gewachsen ist oder abgenommen hat. Im erstern Falle sollen ihre Abgaben verhältnißmäßig gesteigert werden. Sollten sie Proselyten zu machen suchen, so sollen sie mit dem Tode bestraft werden.

17. Sollte man finden, daß die Stadt Kotel zum Regiment Hadiatsch gehört hat, so soll sie diesem Regimente wieder gegeben werden.

18. Den Priestern und Klöstern wird ausdrücklich verboten, Ländereien der Kasaken zu kaufen. Thäten sie es aber doch, so sollen sie ohne Umstände und Schadloshaltung genommen, und unter die Kasaken vertheilt werden.

19. In der mit Bogdan Chmelnizki geschlossenen Konvention ist ausgemacht, daß kein Attaman sich mit einer fremden Macht in Briefwechsel einlassen soll, und erhielt er Briefe oder einen Gesandten, sie an Se. Maj. übersenden soll; welches jetzt abermals bestätiget wird.

20. Da Se. Maj. erfahren haben, daß die Einwohner der Ukraine nach besondern Gesetzen gerichtet werden, so befehlen Sie zum Besten derselben, daß diese Gesetze in die rußische Sprache übersetzt werden sollen.

Uebri-

Uebrigens hoffen Se. Maj., daß der Attaman über alles wachen werde, was den Dienst und Vortheil des Staats angeht. Gegeben zu Moskau 1729.

## Patent der Kaiserinn Anna.

Anna ꝛc. thun allen Unsern Unterthanen kund und zu wissen, daß Unser treuer Unterthan, der Attaman Daniel Apostol, den 17ten Jenner gestorben ist. Da Wir nun Uns für verbunden achten, alles anzuwenden, damit diese Stelle durch einen andern guten und treuen Unterthan wieder besetzt werde, so finden Wir für gut, daß die Wahl des Attamans noch einige Zeit ausgesetzt bleibe, bis man einen treuen würdigen Unterthan gefunden habe. Während dieser Zeit verordnen Wir, daß die Regierung der Ukraine von sechs Personen besorgt werden soll. Gegenwärtige Verordnung soll überall bekannt gemacht werden, damit alles Volk Unsern Willen wisse. Wir im Gegentheil hoffen, daß ihr in eurer Treue unerschütterlich bleiben werdet, wie es dem Uns geleisteten Eide gemäß ist. Denn Wir suchen nichts, als die Aufrechthaltung eurer Privilegien, ohne je das mindeste daran abzuändern, so, wie sie dem Attaman Bogdan Chmelnitzki bestätigt wurden. Gegeben zu St. Petersburg 1734.

## Politische, kirchliche und sittliche Verfassung der Kasaken in der Ukraine.

### Erster Abschnitt.
#### Politische Verfassung.

Ehedem war der Attaman oder Hettmann, wie man gemeiniglich dieses Wort ausspricht, das Oberhaupt der Kasaken. Ursprünglich hatte dieser Attaman eine sehr eingeschränkte Macht, so, daß er ohne vorher mit den Starschinen zu Rathe gegangen zu seyn, und ohne Einwilligung der ganzen Kasakischen Nation nicht das geringste unternehmen durfte.

Seine Einkünfte bestanden anfangs gleichfalls blos in der Starostei Tschigirin, wozu mit der Zeit Hadiatsch geschlagen wurde, wodurch seine Einkünfte jährlich mehr als 100000 Rubel ausmachten.

Wer Ansprüche auf die Würde eines Attamans machen wollte, mußte Soldat, und von rechtmäßiger Geburt seyn, und sich die Gunst der ganzen Kasakischen Nation erworben haben, weil er von allen einmüthig gewählt werden mußte.

Nach dem Attaman kamen die Starschinen, deren neun waren, als sich die Ukraine Rußland unterwarf.

Ohne ihr Gutachten konnte der Atttaman nichts unternehmen, und machten sie sich eines Verbrechens schuldig, so mußte der Attaman dem Zaar davon Nachricht ertheilen, er selbst aber durfte sie nicht bestrafen.

Außer diesen gab es noch einen General der Artillerie, dem zu seinem Unterhalte vierhundert Häuser angewiesen waren. Ferner zwei Oberrichter, welche in dem obersten Gerichtshofe der Ukraine Sitz und Stimme hatten, der Oberkämmerer, der Obersekretär, zwei Generaladjutanten, der Fahnenbewahrer u. s. w. Bloße Militärchargen, die zum Theil noch existiren, sind folgende: Der Oberste, der Regimentsadjutant, die beiden Chorunschii, welche die Aufsicht über die Kriegsfahnen haben, und die an die Grenze bestimmten Kasaken kommandiren, der Sotnik oder Hauptmann, der hundert Kasaken unter sich hat.

Außer dem General der Artillerie hatten noch die Jesauls, Chorunschii und Obosnii der Regimenter die Aufsicht über die bei ihrem Korps befindliche Artillerie.

Die Oberkanzlei stand ehedem unter der Direktion des Attamans allein, und der erste Sekretär hatte die Geschäfte zu besorgen. Unter dem Attaman Daniel Apostol, und dem Grafen Rasumovsky gehörten Militär- und Civilsachen für die Kanzley, welche aus drei russischen und drei ukrainischen Beysitzern bestand; seit aber zu Gluchow ein Kollegium für die Ukraine niedergesetzt ist, sind ihm alle die Angelegenheiten, welche ehemals vor die Kanzley gehörten, untergeben worden.

Der oberste Gerichtshof ist das Tribunal, vor welchem alle Civil- und Criminalprozesse, nach vorher an Ort und Stelle eingezogener Untersuchung in der letzten Instanz abgeurtheilt werden. Die Glieder dieses Gerichtshofs werden zu St. Petersburg ernannt.

Die Steuerkammer hat die Oberaufsicht über Einnahme und Ausgabe, und die Oberrechnungskammer

mer hat mit Untersuchung der Berechnungen von Einnahme und Ausgabe zu thun. Bey jedem Regiment ist deshalb eine besondere Rechnungskommißion.

In der Ukraine sind noch zehn andere Gerichtshöfe nach der Zahl der Regimenter, vor denen die Kriminalprozesse eingeleitet werden. Der Oberste hat den Vorsitz, den zweiten Platz hat der Regiments-Richter, welcher zwei alte Offiziers zu Beisitzern hat.

Prozesse unter den Bauern werden gleichfalls durch zehn Gerichtshöfe entschieden. — Ein besonderer Gerichtshof ist der Podkomorskii genannt: der Podkomorie oder Landmesser erhält alle Klagen, welche über Grenzstreitigkeiten erhoben werden, und von ihm geht die Appellation an den Obergerichtshof, welcher Kommissarien an den streitigen Ort sendet, nach deren Ausspruche dann entschieden wird.

## Zweiter Abschnitt.

### Bevölkerung und Eintheilung der Einwohner.

Die Bevölkerung der Ukraine läßt sich aus folgender Tabelle beurtheilen. Schade nur, daß das Jahr nicht angegeben ist, und sich also keine Vergleichung anstellen läßt.

Zu Kiow gehören
1249 Kirchen,
1821 Priester,
170 Diakonen,
4568 Subdiakonen, Sänger u. s. w.
6559 andere zum Kirchenstande gehörige Personen.

Geboh-

Bevölkerung und Eintheilung der Einwohner. 171

| Gebohren. | | gestorben. | | Verehlichte. |
|---|---|---|---|---|
| Knaben | 22719 | Männl. Geschl. | 16274 | |
| Mädchen | 20948 | Weibl. Geschl. | 14496 | |
| Summa | 43667 | | 30770 | 13852. |

### In Tschernigof.

571 Kirchen.

| Gebohren. | | gestorben. | | Verehlichte. |
|---|---|---|---|---|
| Knaben | 9527 | Männl. Geschl. | 7130 | |
| Mädchen | 8888 | Weibl. Geschl. | 6536 | |
| Summa | 18415 | | 13666 | 5546. |

### In Perejaslavl.

265 Kirchen.

| Gebohren. | | gestorben. | | Verehlichte. |
|---|---|---|---|---|
| Knaben | 6384 | Männl. Geschl. | 3342 | |
| Mädchen | 5725 | Weibl. Geschl. | 3206 | |
| Summa | 12109 | | 6548 | 3544. |

Bei einer 1764 vorgenommenen Zählung fand man in der Ukraine:

| | | | | | |
|---|---|---|---|---|---|
| Ländereien und adlich. Kasak. | 19750 | Häuser adl. Kasak. ohne Güter | 52835 | Darinnen männl. Geschlechts | 163889 |
| Ländereien und adl. Kasaken | 22469 | Häuser ohne Güter | 68934 | = = | 199998 |
| Summa | 42219 | | 121769 | | 363887. |

Transp.

| Transp. Sum. 42219 | 121769 | 363887 |
| --- | --- | --- |
| | | Darinnen |
| Bürger Kron- | Häuser | Männl. |
| u. Adliche Güter 76028 | ohne Güter 175931 | Geschl. 585909 |
| Güter der Roskolniks *) | Häuser | |
| und ruß. Bauern 212 | ohne Güter 2128 | 5432 |
| Summa 118459 | 299828 | 955228. |

Nach der Steuertabelle von 1773 waren in der Ukraine:

  84065 Kasakische Feuerstellen,
  162840 Feuerstellen von Bauern.

Jede dieser Feuerstellen gab jährlich einen Rubel, beträgt also 246905 Rubel.

Die

---

*) Roskolniks nennt man in Rußland diejenigen, welche in einigen Punkten von der jetzt herrschenden Kirche abgehen. Unter der Regierung des Zaaren Fedor erschien ein Buch, welches Kamena Wera, d.i. Fels des Glaubens betitelt war, und einen gewissen Edelmann, den man von seinem Geburtsorte Jaworsh in Volhynien Jaworshji nannte, zum Verfasser hatte. Dieser Mann gab sich die Miene eines Reformators, der die Religion zu ihrer Reinigkeit zurückbringen wollte. Seine Verbesserungen bestanden aber in nichts, als daß er das Kreuz mit zwei Fingern schlagen lehrte, in slavonischer Sprache zu beten befahl, u. dgl. Die Veränderung mit dem Kreuzmachen erbitterte die Rechtgläubigen ganz besonders, denn, sagten sie, die drei Finger sind ein Symbol der Dreieinigkeit, welche die Roskolniks durch den Gebrauch von zwei Fingern zu leugnen scheinen. Peter der Große suchte daher diese Ketzerei durch Güte sowohl als Gewalt zu tilgen, da er aber zuletzt merkte, daß alles nichts half, und die Anzahl der Ketzer immer mehr zunahm, befahl er, daß die Roskolniks in Zukunft als eine besondre Sekte angesehen werden, daß sie aber zum Unterscheidungszeichen ein Stückchen rothes Tuch auf dem Rücken tragen sollten. Ein Unterscheidungszeichen, das den meisten die Lust benahm, Roskolniks zu seyn.

Die Krongüter trugen 1770 ein, 12107 Rubel.

Die verschiedenen Abgaben 3978 Rubel 25 Kopeken.

Die Posten 918 Rub.

Der Ertrag von den beiden letztern Gegenständen ward zu Unterhaltung der Post verwendet.

Die Kroneinkünfte fließen in die Ukrainische Nationalkasse.

Die Einwohner der Ukraine werden in folgende Klassen getheilt:

1) Die Priester,
2) der Adel,
3) die Miliz oder die Kasaken,
4) die Bürger oder Einwohner der Städte,
5) die Landleute.

Die Geistlichkeit genießt vermöge der Landesgesetze, und den mit den Attamans geschlossenen Verträgen alle Vorrechte der Adlichen, ausgenommen das Recht Grundstücke zu kaufen, welches ihr durch eine Verordnung vom 22sten August 1728 verboten ist. Sie besteht aus Metropoliten, Bischöffen, Archimandriten, Igumenen, Protopopen und Popen.

Den Adel machen folgende Personen aus:

1) Einige alte edle Familien, welche seit langen Jahren im Lande gewohnt haben, ehe noch das Land an Polen kam. Dieser Familien giebt es nur wenige.

2) Einige adliche polnische Familien, welche Güter besitzen, die ihnen von den Königen von Polen gegeben worden.

3) Rußische Edelleute, welche von Zeit zu Zeit nach der Ukraine kommen.

4) Sol-

4) Solche, die wegen Verdienste, wenn es auch keine militairischen sind, den Adel erhalten haben.

5) Solche, die wegen ihrer Dienste, oder weil Rußland es den Attamans versprochen, Güter bekommen haben.

6) Solche, die von den Attamans Güter geschenkt erhalten, und denen die Bestätigung von Rußland darüber versprochen worden.

Dieser ganze Adel genießt in Absicht seiner Güter und anderer Immobilien die größten Freiheiten. Auch kann er nach Gutbefinden Dienste nehmen, Assessor oder Rath bei den Gerichtshöfen werden, und die Produkte seiner Güter nach Gefallen verwenden.

Kein Edelmann darf in Verhaft genommen werden, ausgenommen, wenn er sich des Verbrechens der beleidigten Majestät schuldig gemacht hat, und durch Zeugen überwiesen werden kann.

Die Miliz oder Kasaken haben schon von den polnischen Königen wegen ihrer treuen Dienste viele Freiheiten und Privilegien zugestanden erhalten, und da die Ukraine unter rußischer Bothmäßigkeit, sind sie ihnen alle förmlich bestätigt worden.

Die Bürger der eilf Städte haben ihre eigenen Gesetze, und stehen unter einem Erhalter (Conservateur) Bürgermeistern und Rathsherrn, von deren Urtheilen an den obersten Gerichtshof appelliret wird.

Die Bauern in der Ukraine haben das Recht, mittelst Entrichtung einer kleinen Abgabe, sich von einem Gute auf das andere begeben zu dürfen. Ueber ihre Abgabe ist nichts bestimmtes fest gesetzt, sondern die Bürger ausgenommen, sind alle Einwohner nach den Privilegien geschätzt, welche ihnen von Polen und Rußland zugestanden wurden.

Dritter

## Dritter Abschnitt.

### Einige Züge aus dem Leben der Kasaken.

Wenn ein Ukrainisches Mädchen einen Jüngling liebt, besucht sie die Eltern ihres Geliebten, setzt sich, und redet den Geliebten also an: Iwan, Feodor, oder wie er sonst heißt, die Güte, die ich auf deinem Gesichte gezeichnet sehe, ist mir ein sicherer Beweiß, daß du deine künftige Frau gut regieren und lieben wirst; deshalb bin ich gekommen dich zu bitten, daß du mich zur Frau nehmen möchtest. Eben das sagt sie ohngefähr zu Vater und Mutter, und bittet sie, ihre Einwilligung zu geben. Erhält sie abschlägige Antwort, so erwiedert sie, sie werde nicht herausgehen, bis ihre Bitte erfüllt worden sey. Zuweilen beharren die Eltern bei der verneinenden Antwort; ist aber das Mädchen geduldig genug, einige Tage oder Wochen auszudauern, so müssen sie nicht nur einwilligen, sondern auch ihren Sohn zur Einwilligung bewegen. Mit Gewalt darf keines dieser Mädchen aus dem Hause getrieben werden; denn man würde dadurch nicht allein des Mädchens Familie beleidigen, sondern auch den Zorn des Himmels auf sich zu laden glauben.

Bei der Verheurathung der Mädchen findet auch noch ein anderer sonderbarer Gebrauch statt: wenn nemlich die Zeit da ist, daß die Neuverehlichte ins Brautbette gebracht werden soll, wird sie von ihren weiblichen Verwandten auf das sorgfältigste durchsucht, damit sie dem Bräutigam durch Erkünstelung einer verlohrnen Jungfrauschaft keinen Betrug spiele.

spiele. Sobald sie nun im Bette ist, treten alle Gäste tanzend zur Kammer herein, und hört man sie seufzen, so wird der Tanz stärker, und die Verwandten legen laut ihre Freude an den Tag; bleibt sie aber stumm, so hört der Tanz auf, und jedermann wird traurig. Das Brauthemd wird hierauf den Gegenwärtigen vor Augen gelegt; und finden sich Zeichen der Jungfrauschaft, eine rothe Fahne vor das Haus gepflanzt, worauf sie von allen Freunden und Nachbarn Glückwünschungen und Geschenke erhält. Ist aber nichts von den gewünschten Zeichen zu sehen, so erscheint eine zerrissene Fahne, und die junge Frau sowohl als ihre Mutter wird mit Schmähworten überhäuft.

Zuweilen tanzen die Herrn eines Dorfes mit Weib und Kindern mitten unter den Bauern vor ihren Wohnungen. Nun haben die Bauern seit undenklichen Jahren das Recht im Tanzen ein Mädchen — und wäre es die Tochter ihres Herrn — zu entführen, wenn sie es nur geschickt genug zu machen wissen. Bei dergleichen Tänzen geschieht dieß am meisten: Der junge Kerl schleppt seine Beute hinter den nächsten Verhau, (wohinter sich die Landleute verbergen, wenn sie einen Einfall von den Tatarn befürchten) und kann er vier und zwanzig Stunden verborgen bleiben, so ist er straflos, und darf das Mädchen, wenn sie einwilligt, heurathen, wird er aber eher ertappt, so verliert er ohne alle Umstände den Kopf.

Den Ostermontag laufen die jungen Pursche des Morgens auf den Gassen herum, haschen alle Mädchen auf, die ihnen vorkommen, und führen sie an einen Brunnen, wo sie jeder fünf bis sechs Eimer Wasser über den Kopf gießen. Den folgenden Dienstag

stag kömmt die Reihe an die Mädchen, die es folgendergestalt machen: Etliche Mädchen, von denen jede einen Krug voll Wasser hat, verstecken sich in ein Haus, eine kleinere steht auf der Lauer, und meldet, wenn ein junger Pursche vorbei geht. Sogleich springen die Mädchen heraus, packen den Purschen an, etliche halten ihn, und er wird im Wasser halb ersäufet.

Den Ostermontag haben die Männer noch einen andern Zeitvertreib. Sie gehen in aller Frühe zu dem Gutsherrn, und bringen ihm Hühner nebst anderm Flügelwerk, wofür er sie mit Branntwein beschenkt. In die Mitte des Hofs wird ein Faß voll Branntwein gestellt, um welches die Bauern einen Kreis schließen; der Gutsherr nimmt einen großen Löffel, füllt ihn an, und trinkt es dem Aeltesten des Haufens zu. Der Löffel geht nun Reihe herum, und wird das Faß noch vor Abends leer, so muß der Herr ein anderes herbei schaffen, denn es ist seine Schuldigkeit, die Bauern bis zu Sonnenuntergang zu bewirthen.

Wenn in der Ukraine ein Mädchen ein Kind bekömmt, wird sie mit den Haaren an die Kirchthüre gebunden, und wer hineingeht, speyt ihr ins Gesicht.

Wird ein Weib im Ehebruch ergriffen, so begräbt man sie lebendig bis an den Hals, und läßt sie Hungers und Durstes sterben. Diese fürchterliche Strafe war ehedem auch in Rußland gebräuchlich.

Neben jeder Kirche befindet sich eine Art von Spital oder Siechhaus, worinnen unvermögende und preßhafte Personen auf Kosten der Kirche unterhalten werden

Gastfreiheit ist eine in der ganzen Ukraine herrschende Tugend, und ein Reisender hat für Wohnung und Kost nirgends eine Kopeike auszugeben.

Kein Volk beobachtet bei Prozessen mehr Mäßigkeit, als die ukrainischen Kasaken. Beide Partheien setzen sich auf den nemlichen Wagen, essen, trinken und schlafen zusammen, oft dreihundert Werste weit, und setzen dann mit aller Gelassenheit ihre Ansprüche vor dem Richter auseinander. Ein solches Verhalten ist gewiß der sicherste Beweis, daß sie die Gesetze verehren.

Ehemals wußte man in der ganzen Ukraine nichts von Aerzten, aber ihre Stelle war durch alte Weiber ersetzt, welche die Beschaffenheit der Pflanzen so gut kannten, daß sie mit Hülfe derselben alle mögliche Krankheiten heilten; zuweilen aber auch sich ihrer Kräuterkunde zum Schaden derer bedienten, die ihren Haß auf sich geladen hatten.

Wenn die Kasaken das Fieber haben, ist ihr gewöhnliches Gegenmittel Schießpulver oder Holzasche in Kornbranntewein aufgelöset. Dies nehmen sie vor Schlafengehen, und stehen gesund wieder auf.

Sind sie verwundet, und haben weiter keine Hülfe, so mengen sie Erde und Speichel durch einander, und legen es auf die Wunde.

Unter dem Zaar Alexej Michaelowitsch war ein Gesetz gültig, nach welchem ein Tatar, oder Jude, der sich taufen ließ, die Rechte eines eingebohrnen Edelmanns erhielt, gegenwärtig aber wird er leibeigen, und muß die jährliche Kopfsteuer bezahlen.

Ehmals genoffen die Kafaken eine unbegränzte Freiheit. Gefiel es einem auf dem Gute seines Grundherrn nicht, so zog er weiter, durch eine Verordnung der Kaiserinn Katharina aber ward dies verboten, und befohlen, daß wenn jemand über seinen Herrn zu klagen habe, er sich an den Richter wenden solle. Unglücklicher Weise endet sich der Prozeß immer damit, daß der Bauer einige Stockprügel erhält, und zu seinen vorigen Herrn zurück geschickt wird.

Ehmals hatten auch die Einwohner der Ukraine keine Abgaben zu entrichten; die jetzt regierende Kaiserinn, welche ihnen nicht mit einer Menge Auflagen läftig fallen wollte, befahl, daß jährlich von jeder Feuerstelle ein Rubel gegeben werden sollte. Jetzt müssen sie die Kopfsteuer gleich den rußischen Bauern erlegen, worüber sie so aufgebracht worden sind, daß mehrere tausend Kafaken sich nach Polen geflüchtet haben.

Wenn die Kafaken sich schlagen, so geschieht es mit der Faust, oder dem Stocke, nie aber mit einem tödlichen Gewehre. Dieser Gebrauch gab zu einer sonderbaren Wette Anlaß: die Herrn von Teploff und Jelagin, beide Geheimderäthe befanden sich gerade bei der Kaiserinn, als sie Nachricht von Verhaftnehmung eines Mönchs erhielt, der einem Mädchen, das von ihm geschwängert worden war, den Kopf abgeschnitten hatte. Teploff wettete, daß der Mönch aus Rußland und nicht aus der Ukraine gebürtig sey und gewann seine Wette. Und wie haben Sie das errathen können, fragte Herr von Jelagin? weil die Ukrainer, erwiederte Teploff, nicht boshaft, sondern tapfer ſind, die Ruſſen aber mehr Bosheit als Tapferkeit beſitzen.

Wenn die Kaſaken auf dem Marſche ſind, ſchlagen ſie eine Wagenburg, die ſie Tabor nennen, und hinter welcher ſie ſo ſicher ſind, daß tauſend Kaſaken ſechs tauſend Tatarn die Spitze bieten können.

---

## Letzter Abſchnitt.

## Von den Saporogiſchen Kaſaken.

### Wohnungen der Saporogiſchen Kaſaken.

Die Wohnſitze der Kaſaken bis zur Zeit ihrer Zerſtörung waren folgende zehn: 1) Godnef, dreißig Werſte vom Fluſſe Kanef, 2) Kanef, dieſſeits Perejaslavl auf der andern Seite des Dnepr. 3) Perewoloſchna, 4) Chortiza, eine unterhalb der freien Waſſerfälle, ſechshundert funfzehn Werſte davon gelegene Inſel. Ihre Länge iſt zwölf, und die Breite zwei und eine halbe Werſte. Auf der einen Seite iſt der Dnepr, auf der andern der Fluß Chortiza. 5) Tokomanovka, 6) Mikitina; dieſer Flecken liegt am rechten Ufer des Fluſſes; 7) die alte Setſcha, am Dnepr, bey dem kleinen Flüßchen Tſchergomlik. Die Saporogen erbauten ſie, als ſie noch unter polniſchem Schutze ſtanden. 8) Kamenka, dreißig Werſte über Kiſikermen am rechten Ufer des Dneprs; 9) Oleſchki, oberhalb Alexandersſchanze an den Sandebenen am Dnepr; 10) die neue Setſcha am Fluſſe Podpolna, ſieben Werſte von der alten.

## Art, wie man neue Kasaken in die Setscha aufnahm.

Die Saporogischen Kasaken nahmen keine Weiber in ihre Setschen auf. Weil sie fürchteten, daß sie durch Weiber in ihren Beschäftigungen gestört werden, und den Geschmack zum Kriege verlieren würden, hatten sie ein Gesetz gegeben, durch welches allem, was weiblichen Geschlechts war, der Eingang in ihr Gebiet verboten ward.

Ihre Gesetze hatten etwas ähnliches mit denen der Malteser, noch mehr aber mit denen der Freischützen, welche unter Karls des Siebenten Regierung in Frankreich eingeführt wurden. Diese Freischützen wurden aus allen Kirchspielen des Königreichs ausgehoben, und mußten auf den ersten Wink des Königs sich an dem bestimmten Sammelplatze einfinden, dagegen sie von allen bürgerlichen Lasten und Auflagen frei waren.

Um aber doch ihre Zahl voll zu erhalten, nahmen die Kasaken alle Ausreißer auf, so, daß man Leute von allen Nationen und christlichen Sekten unter ihnen fand. Auch nöthigten sie Reisende sich als Kasaken aufnehmen zu lassen, und warben in Rußland, Volhynien, Podolien und anderwärts Leute an. Knaben raubten sie in den benachbarten Gegenden, und erzogen sie in ihrer Setscha nach ihren Sitten.

Da ehedem diese Kasaken nur eine Stadt an den Wasserfällen zu ihrem Wohnsitze hatten, in welcher sich ihr Attaman aufhielt, so bekamen sie davon den Namen Saporogische Kasaken um sie von den Ukrainischen und Donischen zu unterscheiden.

Poroge,

Poroge, ist ein rußisches Wort, welches Wasserfall bedeutet. Funfzig Stunden oberhalb seinem Ausflusse ist der Dnepr mit Wasserfällen durchschnitten, welche mitten im Flusse einen Damm bilden, die Schiffahrt unthunlich machen, und der Ukraine alle Mittel rauben, ihr Getraide und andre Erzeugnisse, die sie überflüßig hervorbringt, nach Konstantinopel abzusetzen. Einige dieser Felsen stehen mit dem Wasser gleich, andre sind acht bis zehn Fuß über das Wasser, und dadurch entstehen Wasserfälle, über welche die Kasaken, wiewohl mit großer Gefahr in kleinen Fahrzeugen hinfahren. Es giebt dreizehn solche Wasserfälle, von denen einige bei niedrigem Wasser zwölf bis funfzehn Fuß hoch sind. Man mußte diese Wasserfälle befahren haben, um für einen wahren Saporoger gehalten zu werden, also auch eine Fahrt auf dem schwarzen Meere gemacht haben, so wie die Maltheserritter ihren Kreuzzug gemacht haben müssen.

Die andern Saporogischen Kasaken lebten in Kaschen, deren Anzahl nicht bestimmt werden konnte, weil sie allerlei Leute unter sich aufnahmen, welche sich aufhielten, so lange sie Lust hatten, ohne daß die Ankommenden und Abgehenden besonders aufgezeichnet wurden, überdies auch noch eine beträchtliche Zahl in Winterhütten fern von der Setscha wohnten, wo sie sich mit Jagd und Fischfang beschäftigten, und oft erst nach Verlauf von zwei Jahren zurück kamen. Manche unternahmen auch Raubzüge nach Polen, und der türkischen Grenze, und von diesen kamen nicht wenige dabei ums Leben, oder geriethen in die Gefangenschaft, so, daß ihre Zahl nicht angegeben werden konnte.

Haup-

## Häupter der Saporogischen Kasaken.

Die vornehmsten Häupter der Saporogischen Kasaken, welche fast immer in der Setscha wohnten, waren folgende: ein Attaman Koschevoi, ein Generalauditeur, ein Obersekretär, ein Jesaul oder Generaladjutant. Ferner gehörten noch dazu ein Privatsekretär, ein Ingenieur, welcher die Aufsicht über die Artillerie hatte, ein Adjutant und ein Pauker.

Befand sich einer von diesen Häuptern der Setscha bei irgend einem Zuge, so ward bis zu seiner Rückkunft in die Setscha ein andrer an seine Stelle gewählt.

In der Setscha befand sich ein Schloß, und im Schlosse eine Kirche, wo griechischer Gottesdienst gehalten wurde. Von diesem Schlosse hingen acht und dreißig Kurenen ab, in welche die Kasaken getheilt waren.

In jeder Kurene befand sich ein Attaman, von welchem alle dort wohnende Kasaken abhiengen. Die Namen dieser Kurenen waren folgende: 1) Lewuschkovskoi, — 2) Diatkovskoi, — 3) Glaskunovskoi, — 4) Bruchovezkoi, — 5) Bedmedevskoi, — 6) Bladnirovskoi, — 7) Paschkovskoi, — 8) Kuschtschevskoi — 9) Kislakivskoi, — 10) Jvanovskoi, — 11) Konelevskoi, — 12) Serjejevskoi, — 13) Donskoi, — 14) Krilovskoi, — 15) Konebskoi, — 16) Baturinskoi, — 17) Popovitschevskoi, — 18) Basurinskoi, — 19) Nesamscheskoi, — 20) Jrklujevskoi, 21) Tscherbinovskoi, — 22) Tatarovskoi, — 23) Skurenskoi, — 24) Kurrinnivskoi, — 25) Rogovskoi, — 26) Korsunovs sunovskoi, — 27) Kanibalotskoi, — 28) Gusmanskoi, — 29) Devianjovskoi, — 30) Sterlievskoi, — 31) Steplevskoi, — 32) Echeraskevskoi. — 33) Perejaslavskoi, — 34) Pultavskoi, — 35) Mischässorskoi, — 36) Minskoi, — 37) Timoschevskoi, — 38) Velitschovskoi.

## Versammlungen der Saporogischen Kasaken.

Die Kasaken versammelten sich jährlich am ersten Tage des Monat Jenners, Nachmittage auf Befehl des Koschevoi. Der Pauker gab das Zeichen von der Mitte des Schlosses nahe bei der Kirche; zugleich nahm der Koschevoi die Standarte, und brachte sie neben die Kirche an einen bestimmten Ort. Auf den Schall der Pauken kamen die Kasaken zusammen, und wenn der Pauker dreimal das Signal gegeben hatte, kam der Koschevoi mit seinem Kommandostabe, der Generalauditeur mit dem Siegel der Kasaken, der Sekretär mit Schreibematerialien, und der Adjutant mit einem kleinen Stabe. Bei ihrer Ankunft wurden die Pauken geschlagen. Sie stellten sich mit entblößtem Haupte mitten in die Versammlung, welche sie auf eine Seite begrüßten. Hierauf wendete sich der Koschevoi an die Kasaken, und sagte zu ihnen: Wackre Männer, wir feyern heute den neuen Jahrstag nach der alten Sitte unsrer Väter, und wollen nun die Flüsse und Felder unter uns theilen. Nachher ward das den Kasaken zuständige Land in so viele Theile als Kurenen waren, getheilet. Man mischte die Loose, jede Kurene zog eines, und was ihr dadurch zugefallen war, gehörte

Von den Saporogischen Kasaken.

hörte das ganze Jahr ihr eigen, so, daß kein Kasake aus einer Kurene auf dem Gebiete der andern jagen oder fischen durfte, ohne eine besondre Erlaubniß dazu erhalten zu haben. Wenn diese Theilung vorbei war, giengen alle Attamans, die alten und ehrbarsten der Kasaken nach Hause. An die rückbleibenden wendete sich der Koschevoi mit den Worten: Jünglinge, da wir heute das Neujahr feyern, so wünschet ihr vielleicht nach euren alten Gebräuchen eure alten Häupter zu erlassen, und neue zu wählen. Hatten die Kasaken Lust ihre Häupter zu behalten, so riefen sie: Ihr seyd gute und wackere Herrn, fahrt fort, uns zu beherrschen. Dann machten der Koschevoi und die andern eine Verbeugung, und gingen jeder in seine Kurene.

Wenn die Kasaken aber ihren Koschevoi verändern wollten, kündigten sie ihm ganz trocken an, daß er seine Stelle niederlegen solle. Er nahm dann seinen Kommandostab, legte ihn nebst seiner Mütze neben die Standarte, und begab sich in seine Kurene. Seinem Beispiel folgten der Generalauditeur, der Sekretär und der Adjutant. Gefiel einer der letztern den Kasaken noch, so sagte man ihm, daß er da bleiben könne.

Das Volk, welches allein mit den Wahlen zu thun hatte, fieng nun an, über die Kurene, aus welcher man den Koschevoi wählen wollte, und über die Person, welche erwählt werden sollte, zu berathschlagen. War man endlich einig, so schickte man zu dem zu erwählenden zehn der besten Säufer und der größten Zänker. Diese baten ihn erst ganz höflich, daß er die ihm bestimmte Stelle annehmen möchte. Wollte er nicht auf ihre Bitten hören, so

faßten

faßten ihn zwei der Abgeordneten unter den Armen, zwei bis drei faßten ihn von hinten, und unter Scheltworten und Schlägen schrieen sie ihm zu: Geh du, Hurensohn, wir bedürfen deiner, du sollst unser Herr und Vater seyn. Kam er nun in die Versammlung, so überreichte man ihm den Kommandostab, den er zweimal zurückweisen, und erst das drittemal annehmen mußte. Hierauf wurden die Pauken geschlagen, und einige der ältesten Kasaken nahmen Erde, machten sie mit Wasser oder Schnee naß, und schmierten es dem neuen Oberhaupte ins Gesichte.

Die zweite Versammlung ward den Ostertag gehalten, wollte man aber die alten Chefs behalten, so ward die Versammlung aufgeschoben.

Veränderte man sie, so geschah dies folgendermaßen: Die, welche aus Misvergnügen oder Eigensinn ihrer Häupter satt waren, suchten sich ohngefähr zehn Kurenen geneigt zu machen. Dann fiengen sie an zu trinken, und wenn sie genug getrunken hatten, trugen sie die Pauken, welche auf dem Marktplatze bei der Säule standen, an welche die Räuber aufgehangen wurden, an den Platz, wo gewöhnlich die Versammlungen gehalten wurden, und schlugen sie mit dem ersten besten Stücke Holz, das ihnen in die Hände kam. Kam der Pauker, und fragte, warum man die Pauken schlage, so zwangen ihn die, welche es thaten, den Marsch zu schlagen, wenn er nicht zu Tode geprügelt seyn wollte. Auf den Schall der Pauken kam alles in Bewegung. Der Koschevoi und die übrigen nahmen Platz in der Mitte der Versammlung, worauf der erste sie also anredete: Warum habt ihr die Versammlung zusammen kommen lassen? Die Trunkenen antworteten: Vater, du sollst

dein

Von den Saporogischen Kasaken. 187

dein Amt niederlegen, du bist nicht mehr fähig, uns zu beherrschen. Hierauf legten sie ihm die Gründe ihrer Beschwerden vor. War nun ihre Absicht einen von den drei andern Chefs mit abzusetzen, so nannten sie ihn, und fügten hinzu: Der Bube hat schon lange von dem Brode der Gesellschaft gegessen. Zuweilen waren die Stimmen getheilt, und es kam nicht selten zur Schlägerei, wobei einige ihr Leben einbüßten, und die Kurene der besiegten Parthei demolirt ward. Gab es nur Debatten, so legte der Koschevoi seine Stelle nieder, und begab sich in seine Kurene. Jede Parthei schlug nun einige Kompetenten vor, wobei die von der entgegengesetzten die vorgeschlagenen Personen bei den Kleidern und Haaren wieder aus dem Kreise herausrissen. Endlich siegte die stärkere Parthei, der Lärm hörte auf, und von allen Seiten ward dem alten Kaschevoi zugerufen: Lege dein Amt nieder, du bist uns zu nichts mehr nutzbar. Dieser nahm denn den Kommandostab, legte ihn neben die Standarte, grüßte die Versammlung, dankte den Kasaken für ihr bisheriges Wohlwollen, und eilte, sich dem Anblicke der Anwesenden zu entziehen.

Ferner versammelten sich diese Kasaken, wenn sie einen Zug unternehmen wollten; diese Versammlungen fingen gleich den andern mit Geschrey und Lärm an, und wurden damit fortgesetzt, bis alle einig waren.

Auch war Versammlung, wenn die Summen, welche ihnen Rußland bezahlte, angelangt waren. Hatten die Chefs nicht die genaueste Ordnung bei der Vertheilung beobachtet, oder für sich einen zu beträchtlichen Theil behalten, so durften sie kaum den
Mund

Mund öfnen, und mit der größten Schonung der andern sprechen, wenn sie nicht abgesetzt, oder noch übler behandelt zu werden fürchten wollten. Ueberhaupt muß man bemerken, daß alle mögliche Versammlungen der Kasaken mit fürchterlichem Geschrei begannen, worauf Zank und zuweilen Prügel folgten.

Die Versammlungen, worinnen über einen Feldzug, über Einnahmen und Ausgaben, oder andere wichtige Angelegenheiten berathschlagt ward, wurden stets bei der Kurene des Koschevoi in Gegenwart aller Attamans angesagt. Um sie von gewöhnlichen Versammlungen zu unterscheiden, nannte man sie Schodka, d. i. kleine Versammlung. Sie waren so tumultuarisch als die andern. -

Das Fest Mariä Erscheinung, welches in der griechischen Kirche den 1sten Oktober gefeiert wird, ward von den Kasaken prächtig gefeiert, weil ihre Kirche der heil. Jungfrau gewidmet war. Die Absetzungen geschahen gewöhnlich an diesem Tage.

Die abgesetzten Chefs wohnten gewöhnlich in einer Kurene mit den alten Kasaken. Der alte Koschevoi ward aber immer mit fast gleicher Achtung behandelt, als wie er noch seine Stelle bekleidete. Bei allen Gelegenheiten erinnerte man sich, daß er das Oberhaupt gewesen war, und feuerte bei seiner Beerdigung eine Kanone und mehrere Salven aus dem kleinen Gewehre ab.

## Von den Attamans.

In jeder Kurene hatte der dort befindliche Attaman eine unumschränkte Macht, so, daß er die

Kasaken wegen des kleinsten Fehlers, den sie begiengen, schlagen durfte. Die Kasaken gehorchten ihm wie Söhne ihrem Vater, ohne sich jemals ihnen zu widersetzen oder sie zu schimpfen. Man übertrug ihnen die Sorge, ihr Geld, ihre Kleider und ihre Beute zu bewahren. Auch bezeigten die Kasaken jeder Kurene ihrem Attaman mehr Achtung als dem Koschevoi oder Generalauditeur, wenn ein Detaschement zu irgend einer Expedition ausgeschickt wurde. Aber dafür vergolten auch die Attamans ihre Achtung mit vieler Sorgfalt, sie sahen immer darauf, daß es ihnen nie an Proviant, Holz, noch sonst irgend einem Bedürfnisse fehlte. Denn wenn er nicht alle seine Pflichten erfüllte: so wurde er sogleich abgesetzt und an seine Stelle ein anderer aus der Kurene gewählt, wobei man bemerken muß, daß jede Kurene sich ihren Attaman selbst wählte, ohne daß irgend eine andere Kurene oder die Kasaken insgesammt irgend einen Einfluß auf die Wahl hatten.

Was die Einkünfte der Attamans betrifft: so erhielten sie weder von ihrer Kurene noch von den Saporoger Kasaken im Ganzen genommen, etwas, aber es fehlte ihnen nicht an Mitteln, sich Gewinn zu verschaffen. Sie zogen die Miethe von den auf dem Markte ihrer Kurenen stehenden Hütten, und hatten von den großen Wannen und Tonnen, die zum Bierbrauen und Branntweinbrennen gebraucht werden, eine Abgabe zu fordern: auch hatten sie einen Antheil am Verkaufe der Häuser, Schiffe, Barken ꝛc. welche die Kasaken bauten, um sie zu verkaufen oder zu vermiethen *). Der Attaman hatte die Füh=

---

*) Die Gewohnheit, fertige, hölzerne Häuser auf dem Markte zu verkaufen, erhält sich noch in manchen rußischen

Führung des daraus gelößten Geldes, welches er dazu brauchte, um für die Bedürfnisse seiner Kurene zu sorgen, und überdies ließen die Kasaken ihn, wenn sie mit seiner Regierung zufrieden waren, Theil an der Beute nehmen, die sie von ihren Feldzügen mit sich brachten.

### Von der Kanzlei der Saporoger Kasaken.

Eine eigentlich so genannte Kanzlei gabs bei den Saporoger Kasaken nicht. Ein Ober- und Untersekretair hatten die hieher gehörige Verrichtungen zu besorgen: alle Geschäfte wurden bei dem ersten ausgeführt; aber nie wurde eine Zeile Geschriebenes aufbehalten. Da gab es weder Journal noch Memoiren; kamen Befehle vom Hofe, so wurden sie in den Versammlungen laut verlesen, und die darauf erforderliche Antwort sogleich gegeben.

### Vom Koschevoi, seinen Beisitzern und ihren Einkünsten.

Der Koschevoi genoß als erster Befehlshaber der Saporoger Kasaken, eine große Achtung; seine Un-

Städten, Flecken und Dörfern. Die Saporoger Kasaken bauten auch Schiffe, die sie ihren Nachbarn vermietheten, oder verkauften. Eine solche Barke, wozu wohl an hundert und funfzig Rubel Holz gehört, wurden nur für sieben oder acht Rubel verkauft; ein erstaunenswürdiger Beweiß von der Unvorsichtigkeit dieser Völker, die vielleicht in einem Jahrhunderte Mangel an Holz leiden werden. Diese Gewohnheit muß sehr alt seyn, da, nach den rußischen Jahrbüchern, die Cimbern, die ehedem in diesen Gegenden wohnten, diesen Handel mit den benachbarten Völkern getrieben haben.

Untergebenen bezeigten sich, vorzüglich bei Feldzügen, sehr ehrerbietig und gehorsam gegen ihn. Wußte er sich gut zu betragen, so war er der Achtung aller Kasaken versichert.

Den ersten Rang nach ihm hatten seine Beisitzer, die auch in der Kirche ihre besondere Plätze hatten; übrigens aber in der Kurene wo sie als bloße Kasaken gewohnt hatten, blieben und mit den übrigen aßen.

Ihre Haupteveneen waren folgende. Die aus der Ukraine, Polen oder der Krimm mit Wein, Branntewein, Mehl und andern Waaren kommenden Karavanen zahlten dem Koschevoi für die Tonne einen Rubel, wovon dieser dem Pauker und ersten Ingenieur etwas abgeben mußte. Die Kasaken, die Wein kauften, mußten dem Koschevoi zehn Nößel, dem Generalauditeur eins, dem Generaladjutant eins, dem Pauker eins, dem ersten Ingenieur eins, der Kanzlei eins und noch eins allen Attamans der verschiedenen Kurenen geben. Wenn dies geschehen war, wurde der Preiß bestimmt, den niemand erhöhen oder erniedrigen durfte, und dann erst durfte der Wein verkauft werden.

Die, welche Mehl oder andere ähnliche Waaren aus der Krimm brachten, machten dem Koschevoi ein dem Werthe derselben angemessenes Geschenk.

Wurde ein Pferd in den Steppen ohne Führer gefunden, und es meldete sich niemand dazu, binnen drei Tagen, so gehörte das Pferd den Häuptern der Setscha; hatte ein Theil der Kasaken eine glückliche Streiferei gethan, so erhielt der Koschevoi bei ihrer Zurückkunft gewöhnlich ein Geschenk.

Die

Die Wirthsleute, Brauer, Fleischer und Becker, die in der Setscha wohnten, pflegten dem Koschevoi gewöhnlich alle Jahre ein Geschenk von Meth, Bier, Brod, Fleisch u. s. w. nach Verhältniß ihres Handels zu machen.

Aber außer diesen zufälligen Einkünften hatten sie andere noch beträchtlichere. Jährlich versammleten sich zu Ostern und Weihnachten die Kaufleute, Künstler, und Wirthsleute, als einzelne Gesellschaften, deren jede zwei oder drei Fuchs- und Hirschhäute kaufte, und dem Koschevoi schenkte, welcher Ralez hieß; dafür mußte ihnen der Koschevoi Branntewein, Früchte und Honig anbieten, wovon sie etwas nahmen. Am folgenden Tage thaten sie eben dies bei dem Generalsekretär, am dritten bei dem Obersekretär, am vierten beim Generaladjutanten. Der Koschevoi mußte nicht nur die, welche die Geschenke brachten, sondern auch alle Kasaken der Setscha und die Attamans und übrigen Häupter in seiner Kurene, die ganze Woche hindurch bewirthen, wobei man, so oft getrunken wurde, die Kanonen abfeuerte.

Die Hauptrevenüe des Koschevoi bestand in sechshundert Rubeln Besoldung, die er aus Rußland erhielt; der Generalauditeur, der Obersekretär und Generaladjutant erhielten nur dreihundert. Die Obersten, der Quartiermeister, Pauker, und der erste Ingenieur erhielten auch eine ihrem Stande angemessene Besoldung, und überdies hatte die Kaiserin den Oberhäuptern die einträglichen Zölle auf dem Dnepr zur vollkommenen Disposition überlassen.

Von

## Von dem Zustande der Religion bei den Saporoger Kasaken und in der Ukraine.

Die Ukrainischen und Saporoger Kasaken bekannten sich zur griechischen Religion, die in Rußland zur Zeit der Fürstin Olga angenommen und unter der Regierung Wladimirs allgemein eingeführt wurde. — —

Die Geistlichkeit der Kasaken wurde aus einem Kloster gezogen, welches zwischen dem Gebirge und dem Dnepr, zwanzig Werste von Kiow liegt, und Meschigorskoi heißt. Jährlich schickte man ihnen zwei Priester und zwei Diakonen, die bei ihnen keinen Einfluß hatten, sondern ganz von den Häuptern der Setscha abhiengen. Die gemeinen Kasaken grüßten sie, und schimpften sie hinterher aus. Die Priester, welche zu alt waren, um zu singen, oder die keine gute Stimmen hatten, wurden wieder zurück geschickt, und man behielt die vom vorigen Jahre so lange zurück, bis andre kamen, die den Beifall der Kasaken im Singen erlangten. Täglich wurde Meße gelesen, wobei für die Monarchen Rußlands, für die ganze kaiserliche Familie, den Synodus, den Rath, ferner für den Koschevoi, Generalauditeur, Obersekretär, und Generaladjutanten, endlich für alle christliche Völker, und die Truppen vom griechischen Glaubensbekenntnisse gebetet wurde.

Die Priester begnügten sich mit dem, was sie von der Kirche bekamen, deren Einkünfte sehr ansehnlich waren, weil viele Kasaken ihre Güter der Kirche ihrer Setscha und dem Kloster Meschigorskoi zu vermachen pflegten: aber sie bekamen nur etwas von den Einkünften, das Uebrige mußte dem Kloster zugeschickt werden. Die Kasaken gaben die zum Dienste der Kirche nöthigen Wachskerzen in hinlänglicher Anzahl. Die Sänger wurden gewöhnlich aus den Kasaken der Ukraine gewählt, und lebten in einer Schule, wohin der Ruf derselben die Kinder der Einwohner der Ukraine, von Kiow und aus Polen lockte. Ihre Anzahl belief sich wenigstens immer auf dreißig. Für ihre Nahrung wurde von den Kasaken hinlänglich gesorgt. —— Wenn ein Kasak starb, so mußten die Sänger den ganzen Tag läuten, wofür sie einen Theil von der Hinterlassenschaft des Verstorbenen erhielten. — Auch verkauften sie der Kirche allen Weihrauch, der darin verbrannt wurde, wobei sie keinen unbeträchtlichen Gewinn hatten.

In der Schule war ein Pope und ein Priester, welche die Kinder im Singen unterrichteten.

Die Sänger genossen eben die Freiheit, welche die übrigen Kasaken hatten. Zwei von ihnen waren die Attamans ihrer Gesellschaft; einer war das Haupt der Alten, der andere das Haupt der Jungen; aber sie setzten sie oft, wie die Kasaken es mit den Ihrigen machten, aus Eigensinn oder aus irgend einer geringen Ursache ab, und wählten dann andere, aus eben der Schule an ihre Stelle.

Rußland hatte immer seine Erzbischöfe aus der Ukraine erhalten: selbst die Professorenstellen auf der Universität zu Moskau wurden durch Gelehrte aus den Schulen von Kiow besetzt: aber die jetzige Kaiserin änderte diese alte Gewohnheit, indem sie auch Unterthanen aus andern Theilen ihres Reichs zu diesen Stellen erziehen ließ.

Sit-

## Sitten der Kasaken.

Die Kasaken lebten in jeder Kurene mit ihrem Attaman beisammen. Zu Bereitung der Speisen befand sich in jeder ein Koch und einige Küchenjungen, welche Wasser trugen, und das Geschirre nach dem Essen reinigten. Dieser Koch erhielt jährlich zwei Rubel von der Kurene und fünf Sols von jedem Kasaken, welcher in der Kurene aß.

Die Mahlzeiten waren sehr einfach; sie bestanden in zwei Gerichten, von denen das erste Salamacha, aus Mehl, Wasser und Salz, das andere Teteria, aus Mehl, Hirse und Grütze bestehend, genannt ward. Es war ein wenig flüßiger als der Salamacha, weil viel dünnes Bier oder Fischbrühe zugegossen wurde. Lebensmittel wurden auf Kosten der Kurene gekauft, und man trug sie in großen Gefäßen, Namens Boganki auf; des Brods aber bediente man sich niemals. Diejenigen, welche nicht mit den gewöhnlichen Gerichten zufrieden waren, und Fleisch oder Fische haben wollten, kauften es auf eigne Kosten in Gesellschaft zusammen. Eine solche Gesellschaft bestand aus zwanzig bis dreißig Personen, welche sich der Jagd und Fischerei wegen mit einander verbunden hatten. So lange sie beisammen waren, war alles gemeinschaftlich, und sie wählten sich ein Oberhaupt, welches Perewodschik genannt ward. Die Kaufleute in großen Städten bedienten sich vorzüglich dieser Gesellschaften, ihre Waaren fortzubringen.

Die Kurenen standen beständig offen. Jeder Reisender oder Fremder hatte freien Eingang, und
konnte

konnte essen, was er darinnen fand, wenn gleich die Inwohner nicht zu Hause waren. Es ward ihm nicht einmal ein Vorwurf gemacht, wenn er alles aufgegessen hatte, er durfte aber nichts mitnehmen, wenn er sich nicht der härtesten Strafe aussetzen wollte, weil man es als einen heiligen Grundsatz ansah, daß alles in den Kurenen in Sicherheit blieb.

Aus diesem Grundsatze floß die Verbindlichkeit, daß jeder, der etwas in der Setscha gefunden hatte, es an einen großen Pfosten binden, und drei Tage in Verwahrung behalten mußte. Meldete sich dann niemand, so gehörte es dem Finder. Hatte er es aber, ohne dies zu beobachten, behalten, und ward es entdeckt, so band man ihn selbst an einen Pfosten mitten auf den öffentlichen Platz, und ein Bündel Ruthen neben ihm. Jeder, der vorbeigieng, nahm eine Ruthe, und gab ihm drei Hiebe — und wenn auch ein Hieb tödtlich war, so wurde nicht das geringste dawider gesagt. Hatte der Sünder die Hiebe ausgehalten, so gab man ihm ein Glas Branntewein, und sagte dabei: Sauf, du Hundssohn!

Verließ ein Kasake die Kurene, und kam nicht wieder, so verlohr er seine Würde als Saporoge, und man nennte ihn nun Haidamak, oder Straßenräuber.

Die Kasaken, welche Handwerker oder Handlung trieben, hatten jeder sein Haus in den Vorstädten, wo sie auf eigne Kosten lebten. Gewöhnlich lebten sie besser, als die Attamans, und aßen Brod.

Es gab auch Kasaken, welche außer der Kurene sich mit Jagd und Fischfang beschäftigten, und andre, die

die in ihren Winterwohnungen blieben, um ihrem
Vieh und Pferden näher zu seyn. Auch diese lebten
auf eigne Kosten. Gewöhnlich waren ihre Wohnungen am Ufer des Dnepr gegen Otschakow zu gelegen, und nahe an den andern Flüssen, welche durch
die Steppen fließen, und in den Dnepr fallen. Einige befanden sich auch auf den Inseln, welche im
Dnepr vom Ausflusse der Samara bis zum Ausflusse des Dneprs und selbst im Liman gelegen sind.

In Polen und die Tatarey thaten die Saporoger häufige Einfälle. Sie giengen haufenweise, und
holten Viehheerden, Pferde und Knaben weg, die
letzten, weil sie keine Weiber in ihrer Gesellschaft
duldeten. War die Expedition vorbei, so kamen sie
in die Setscha zurück, und vertheilten die Beute,
stellten große Feste an, und brachten mehrere Tage
mit Saufen, Tanzen, Erzählung ihrer Heldenthaten
und dgl. hin, wobei ihnen auf den Gassen immer
Leute mit großen kupfernen Gefäßen voll Branntewein, Korelka oder Mehl und Honig, Bier, Meth,
und Musikanten nachfolgten, welche verschiedene Lie-
der sangen. Sie umarmten die Bauern, und nöthigten sie zum Trinken. Schlug es einer ab, so über-
häuften sie ihn mit Schimpfworten, und jagten sie in
wenig Tagen die ganze Beute durch die Gurgel, und
wurden aus reichen Leuten arme Teufel. Die Kaufleute und Handwerker, welche bei Verkaufung ihrer
Waaren großen Gewinn machten, brachten diesen auf
gleiche Weise durch.

Die Kasaken, welche in ihren Winterkabanen
blieben, vergeudeten gleichfalls alles, was sie durch
ihren Kunstfleiß oder durch Jagd und Fischfang erworben hatten.

Nichts

Nichts thun schien ihnen der höchste Gipfel der Freiheit zu seyn. Essen, Trinken und Faullenzen war ihre Tagarbeit, sie alterten im Schlemmen, und starben wie sie gelebt hatten. Nur im Kriege zeigten sie sich als Männer, nur da waren sie tapfer, gehorsam und unverdrossen.

Hatte der Koschevoi in Friedenszeiten einen zu verschicken, so gieng jeder, so wie ihn die Reihe traf. Im Frieden bewachten sie auch ihre Setscha nicht, daher ihnen die Tatarn oft ihre Pferde und Heerden stahlen, worüber sie sich aber wenig kümmerten, weil sie wohl wußten, daß sie ihren Schaden leicht ersetzen konnten. Merkten sie die Ankunft der Tatarn, so lößten sie bei der Setscha eine Kanone, worauf sich alle Kasaken versammelten, und den Tatarn nachsetzten, auch oft alles wieder erhielten, was ihnen genommen worden war.

Jeder Kasake, alt oder jung, hatte seine Flinte, Hellebarde, und einen stets gut geschliffenen Säbel; einige hatten auch Pistolen. Diese Waffen wurden in der Setscha selbst gemacht, Pulver und Kugeln kauften sie in der Ukraine oder in Polen, denn die, welche sie selbst machten, waren von schlechter Beschaffenheit.

Um sich gegen die Flöhe zu schützen, kochten die Saporogen die Cetrina, welche sehr fett ist. Sobald das Fett oben schwamm, tauchte der, welcher den Fisch kochte, ein neues Hemd hinein, und ließ es einige Zeit vollsaugen, dann zog er es an, und legte es nicht eher ab, bis es zerrissen war.

Sie hatten gleich den Ukrainischen Kasaken die Gewohnheit, diejenigen, welche sich sehr hervorgethan

than hatten, unter hohe Hügel zu begraben; und wenn einer im Kampfe für das Vaterland gestorben war, so ward ihm gleichfalls ein solches Mausoläum errichtet, wenn gleich sein Körper nicht gefunden worden war. Man sieht noch viele dergleichen Hügel in den Steppen zwischen Otschakow und der Krimm.

### Gesetze der Saporoger.

Die Saporoger hatten keine geschriebene Gesetze, sondern folgten blindlings dem Beispiele, das ihnen ihre Väter gegeben hatten.

Ein Kasak, der den andern vorsätzlich ermordet hatte, ward auf die Leiche gebunden und mit ihr lebendig begraben, zufolge dem Grundsatze, daß alle Kasaken Brüder wären, und ohne sich zu schaden, zusammen leben müßten. War der Mörder ein braver Kerl, den seine Gefährten liebten, so konnte er dem Tode entgehen, wenn die andern Kasaken einwilligten, und man bestrafte ihn auf andere Art.

Hatte ein Kasake den andern bestohlen, in oder außerhalb der Setscha, so ward er auf den großen Marktplatz gebracht, an eine zu diesem Endzweck errichtete Säule gebunden, wo er so lange bleiben mußte, bis er das Gestohlne wieder ersetzt, oder den Werth bezahlt hatte, und noch drei Tage nachher. War der Diebstahl von Bedeutung, oder der Dieb hatte schon mehrere begangen, so ward er an die Säule aufgehängt. So lange er an die Säule gebunden war, liefen die Kasaken haufenweise hinzu, und jeder durfte ihn schimpfen und schlagen. Sie be-

besoffen sich auch wohl mit ihm, nahmen dann die Ruthen und peitschten ihn, wobei sie immer riefen: „Erlaube nun auch, daß wir dich für die Schande „strafen, die du uns gemacht hast."

Wer beim ersten Diebstahl ertappt wurde, oder sonst beliebt war, wurde sehr von ihnen verschont, so, daß es oft so weit gieng, daß man ihm Geld gab. Hehler und Käufer gestohlner Sachen wurden gleich Dieben behandelt.

Sodomie, welche bei den Saporogen sehr gemein war, wurde indessen doch als ein sehr großes Verbrechen angesehen und bestrafet. Wer überzeugt war, sie begangen zu haben, ward gleich Räubern an die Säule gebunden, zu Tode gepeitscht, und alle seine Güter zum Besten der Gesellschaft eingezogen.

Schuldner, die nicht bezahlen wollten, wurden an eine Kanone auf dem großen Platze gebunden, bis sie bezahlt oder einen Bürgen gefunden hatten.

Wer über den bestimmten Preis verkaufte, ward sehr streng bestraft; der Koschevoi oder die Atamans erlaubten den Kasaken seine Güter zu plündern.

# Inhalt.

### Erster Abschnitt.
Natürliche Beschaffenheit der Ukraine.    Seite 1

### Zweiter Abschnitt.
Vom Dnepr, den hineinfallenden Flüssen, und den daran liegenden Orten vom Samaraflusse bis Otschakow und Kinburn.    3

### Dritter Abschnitt.
Flüsse, Flecken und Wasserfälle vom Ausflusse der Samara bis Otschakow.    7

### Vierter Abschnitt.
Geschichte der Kasaken, bis zu der Zeit, da sie sich bestimmte Wohnörter machten.    9

### Fünfter Abschnitt.
Kriege der Kasaken mit den Türken.    10

### Sechster Abschnitt.
Zwistigkeiten zwischen den Kasaken und Polen.    13

### Siebenter Abschnitt.
Die Kasaken unterwerfen sich Rußland.    38

### Achter Abschnitt.
Die Kasaken unterwerfen sich Karl dem Zwölften und dem Krimmischen Khan.    40

### Neunter Abschnitt.
Seit Unterwerfung der Saporogischen Kasaken bis zum Jahr 1775.    64

Abriß der Geschichte der Attamans, und der merkwürdigsten Begebenheiten in der Ukraine.    75

# Inhalt

Resolutionen des Kaisers auf die vom Attaman
Daniel Apostol vorgelegten Punkte. S. 162
    Patent der Kaiserinn Anna. 167

**Politische, kirchliche und sittliche Verfassung der Kasaken in der Ukraine.**

### Erster Abschnitt.
Politische Verfassung 168

### Zweiter Abschnitt.
Bevölkerung und Eintheilung der Einwohner. 170

### Dritter Abschnitt.
Einige Züge aus dem Leben der Kasaken. 175

### Letzter Abschnitt.
Von den Saporogischen Kasaken.

Wohnungen der Saporogischen Kasaken. 180
Art, wie man neue Kasaken in die Setscha aufnahm. 181
Häupter der Saporogischen Kasaken. 183
Versammlungen der Saporogischen Kasaken. 184
Von den Attamans. 185
Von der Kanzlei der Saporoger Kasaken. 190
Vom Koschevoi, seinen Beisitzern und ihren Einkünften. 190
Von dem Zustande der Religion bei den Saporoger Kasaken und in der Ukraine. 193
Sitten der Kasaken. 195
Gesetze der Saporoger. 199

www.ingramcontent.com/pod-product-compliance
Lightning Source LLC
Chambersburg PA
CBHW021729220426
43662CB00008B/762